LAROUSSE

Palabras
y frases
del Inglés

LAROUSSE

Av. Diagonal 407 Bis-10   Dinamarca 81   21 Rue du Montparnasse   Valentín Gómez 3530
08008 Barcelona   México 06600, D.F.   75298 París Cedex 06   1191 Buenos Aires

Redactores de la edición americanizada:
    John Wright
    José A. Gálvez

NI UNA FOTOCOPIA MÁS

Palabras y frases del inglés

© Chambers Harrap Publishers Ltd.

"D. R." © MCMXCIX, por Ediciones Larousse, S. A. de C. V.
                    Dinamarca núm. 81, México 06600, D. F.

SEGUNDA EDICIÓN — 12ª reimpresión

ISBN 970-607-947-5

Impreso en México — Printed in Mexico

Palabras y frases del Inglés

Contenido

CONTENIDO

Introducción

Palabras y Frases del Inglés es un amplio repertorio de vocabulario que pretende responder a las necesidades de todos aquellos que estén aprendiendo inglés.

Con sus 64 temas que recogen más de 7 000 palabras y frases del inglés de hoy, representa un auténtico tesoro enriquecedor del vocabulario.

Los capítulos divididos en subtemas, permiten profundizar en los conocimientos de la lengua dentro de un campo determinado. Hacia el final de cada capítulo se encuentra una sección que hemos llamado *"Take Note!"* (*¡Atención!*) donde usted encontrará las frases más comunes relacionadas con el tema.

Antes de terminar cada capítulo, usted encontrará la referencia >*Ver también los capítulos:* son sugerencias que esta obra le proporciona sobre el vocabulario adicional que se relaciona con el tema que acaba de consultar.

El índice de más de 6 000 palabras de referencia, establecido en español, permite localizar fácilmente el término inglés correspondiente. Es importante hacer notar que el número que se presenta en el índice es el número del capítulo o tema al que corresponde esa palabra.

Las abreviaturas utilizadas en este libro son:

Andes	español andino
CAm	español centroamericano
Carib	español caribeño
Chile	español de Chile
Col	español de Colombia
Méx	español de México
Perú	español de Perú
RP	español de Argentina, Paraguay y Uruguay (Río de la Plata)
(R)	marca registrada

1   Describing People
La Descripción de las Personas

to be	ser, estar
to have	tener, haber
to look	parecer, verse
to seem	parecer
to weigh	pesar
to describe	describir
quite	bastante
rather	más bien
very	muy
too	demasiado
description	descripción
appearance	apariencia, aire
look	aire, aspecto
height	talla, altura
size	talla (*ropa*)
weight	peso
hair	cabello
beard	barba
mustache	bigote
eyes	ojos
skin	piel
complexion	tez
spot	grano
pimple	grano (*acné*)
mole	lunar
beauty spot	lunar
freckles	pecas
wrinkles	arrugas
dimples	hoyuelos
glasses	anteojos
contact lenses	lentes de contacto
young	joven
old	viejo
tall	alto
small	bajo, pequeño, chico
of average height	de estatura mediana
fat	gordo
thin	delgado
skinny	delgaducho
slim	esbelto
muscular	musculoso

beautiful	bella, linda
good-looking	bien parecido
handsome	bien parecido (hombre)
pretty	bonita
sweet	linda
cute	mono
ugly	feo
spotty	con granos
sun-tanned	bronceado
pale	pálido
wrinkled	con arrugas

to have . . . eyes	tener los ojos . . .
blue	azules
green	verdes
gray	grises
brown	marrones
hazel	castaños
black	negros

Take Note!

what's he/she like?
¿cómo es?

can you describe him/her?
¿puede describirlo/la?

I'm 5 feet 9 inches (1.75 metres) tall
mido 1 metro 75

I weigh 154 pounds (70 kilos)
peso 70 kilos

a woman with blue eyes
una mujer de ojos azules

he's got beautiful eyes
tiene unos ojos preciosos

he looks a bit strange
tiene aspecto raro

▶ *Ver también los capítulos:*

straw hat	sombrero de paja
sun hat	sombrero de ala ancha
cap	gorra
scarf	bufanda
headscarf	pañuelo (para la cabeza)
gloves	guantes
mittens	mitones
tie	corbata
bowtie	corbata de moño
suspenders	tirantes, breteles
belt	cinturón
collar	cuello
pocket	bolsillo, *CAm, Méx, Perú* bolsa
button	botón
cufflinks	gemelos
zipper	cremallera, cierre
shoelaces	cordones
ribbon	lazo
handkerchief	pañuelo
umbrella	paraguas
handbag	cartera, *Méx* bolsa

jewelry

las joyas

jewel	joyas
silver	plata
gold	oro
preclous stone	piedra preciosa
pearl	perla
dlamond	diamante
emerald	esmeralda
ruby	rubí
sapphire	zafiro
ring	anillo
earrings	pendiente
bracelet	pulsera
bangle	brazalete
brooch	broche
necklace	collar
chain	cadena
pendant	colgante
watch	reloj (de pulsera)
costume jewelry	joyas de fantasía
gold ring	anillo de oro
pearl necklace	collar de perlas

size

	la talla
small	pequeño
medium	mediano
large	grande
short	corto
long	largo
wide	ancho
loose-fitting	amplio
tight	ceñido
(too) tight	ajustado
clinging	estrecho
close-fitting	entallado
size	talla
waist	talle, cintura
shoe size	número del calzado
collar size	contorno de cuello
hip measurement	contorno de cadera
bust/chest measurement	contorno de pecho
waist measurement	contorno de cintura

style

	los estilos
model	modelo
design	diseño
style	estilo
color	color, colorido
shade	tono
pattern	motivo
plain	liso
printed	estampado
embroidered	bordado
check(ed)	a cuadros
flowered/flowery	floreado
with pleats/pleated	plisado
polka-dot	a lunares (grandes)
spotted	a lunares (pequeños)
striped	a rayas
elegant	elegante
smart	elegante
formal	formal
casual	informal
sloppy	informal, descuidado
simple	sencillo
sober	sobrio
loud	llamativo
gaudy	llamativo

2 Clothes and Fashion
La Ropa y la Moda

to dress	vestirse
to undress	desvestirse
to put on	ponerse
to take off	quitarse, sacarse
to try on	probarse
to wear	llevar
to suit	sentar bien
to fit	ser de la talla

clothes
la ropa

coat	abrigo, cazadora, chaqueta
overcoat	gabardina
raincoat	impermeable
anorak	anorak
bomber jacket	cazadora de aviador
jacket	chaqueta, americana, saco
suit	traje
(lady's) suit	traje de chaqueta
tuxedo	esmoquin
uniform	uniforme
pants	pantalones
ski pants	pantalones de esquí
jeans	vaqueros
dungarees	overol
track suit	traje de deporte, *Col, Chile, RP* buzo
shorts	pantalones cortos
dress	vestido
evening dress	vestido de noche
skirt	falda, *RP* pollera
pleated skirt	falda plisada
miniskirt	minifalda
culottes	falda-pantalón
pullover	suéter
sweater	suéter
heavy pullover	suéter grueso
polo neck (pullover)	suéter de cuello redondo
V-neck (pullover)	suéter de cuello de pico
vest	chaleco
cardigan	cárdigan

shirt	camisa
blouse	blusa
nightgown	camisón
pajamas	pijamas
robe	bata
bikini	bikini
swimsuit	traje de baño
swimming shorts	bañador (hombre)
underpants	calzoncillo
bra	sostén
undershirt	camiseta (ropa interior)
T-shirt	camiseta
underskirt	combinación
petticoat	enaguas
garters	portaligas
stockings	medias
tights	pantys
socks	calcetines
beret	boina
cap	gorra
hat	sombrero

footwear   el calzado

shoes	zapatos
boots	botas
Western/cowboy boots	botas camperas
rubber boots	botas de lluvia
ankle boots	botas cortas
sneakers	zapatillas de deporte
ski boots	botas de esquí
sandals	sandalias
espadrilles	alpargatas
thongs	chancletas
slippers	pantuflas
a pair of	un par de
sole	suela
heel	tacón, *RP* taco
flat heels	tacones bajos
stiletto heels	tacones aguja

accessories   complementos

derby hat	bombín

fashionable	de moda
old-fashioned	pasado de moda, anticuado
made-to-order	hecho a medida
low-cut	escotado

fashion   la moda

(winter) collection	colección (de invierno)
clothing industry	industria de la confección
dressmaking	costura
fashion designer	diseñador
dressmaker	modista
(fashion) model	modelo
fashion show	desfile de modelos

Take Note!

cotton/woolen socks
calcetines de algodón/lana

it's (made of) leather
es de cuero

a skirt that matches this shirt
una falda que vaya con esta camisa

what is your size?
¿de qué talla es?

what size (of shoes) do you take?
¿qué número calza?

red doesn't suit me
el rojo no me sienta bien

these pants suit you
estos pantalones te sientan bien

▶ *Ver también los capítulos:*

3 Hair and Make-up
El Pelo y el Maquillaje

to do one's hair	arreglarse el pelo
to comb one's hair	peinarse
to brush one's hair	cepillarse el pelo
to dye one's hair	teñirse el pelo
to dye one's hair blonde	teñirse el pelo de rubio
to have a hair-cut	cortarse el pelo
to have one's hair dyed	teñirse el pelo
to have one's hair curled	rizarse el pelo
to have a perm	hacerse una permanente
to have a blow-dry	hacerse un brushing
to cut	cortar
to trim	igualar
to put one's make-up on	maquillarse
to remove one's make-up	desmaquillarse
to put on perfume	perfumarse
to put on nail polish	pintarse las uñas
to shave	afeitarse

hair length/color
largo y color del pelo

to have . . . hair	tener el pelo . . .
short	corto
long	largo
medium-length	ni corto ni largo
blond	rubio, *Méx* güero (claro)
fair	rubio, *Méx* güero
brown	moreno
chestnut	castaño
black	negro
red	pelirrojo
gray	gris
graying	entrecano
white	blanco
to be . . .	ser . . .
blond	rubio, *Méx* güero
fair-haired	rubio, *Méx* güero
dark-haired	moreno
red-haired	pelirrojo
to be bald	ser calvo

hairstyles

to have . . . hair	tener el pelo . . .
curly	rizado
wavy	ondulado
straight	lacio
fine	fino
thick	grueso
dyed	teñido
greasy	graso
dry	seco

to have a crew-cut	tener el pelo al rape

(hair-)cut	corte de pelo
bob	corte cuadrado
perm	permanente
blow-dry	moldeado
curl	rizo, bucle
lock (of hair)	mechón (de pelo)
highlights	reflejos
bangs	flequillo
pony tail	cola de caballo
bun	rodete
braid	trenza
pigtail	trenza
bunches	coletas
comb	peine
hairbrush	cepillo
hair clip	pasador
hairpin	horquilla
bobby pin	horquilla
roller	rulo, *Chile* tubo, *RP* rulero
tongs	tenacillas
wig	peluca

shampoo	champú
conditioner	acondicionador
gel	gel
mousse	espuma
hair spray	laca

make-up

peinados

maquillaje

beauty	belleza
face cream	crema facial
cold cream	crema de belleza
moisturizing cream	crema hidratante
face mask	máscara de belleza

powder	polvo
compact	polvera
foundation	base de maquillaje
lipstick	lápiz de labios
blusher	colorete
mascara	rímel
eyeshadow	sombra de ojos
nail polish	esmalte de uñas
make-up remover	desmaquillador
nail polish remover	quitaesmalte
perfume	perfume
toilet water	agua de colonia
cologne	colonia
deodorant	desodorante

shaving   el afeitado

beard	barba
mustache	bigote
razor	navaja
safety razor	maquinilla de afeitar
electric shaver	afeitadora eléctrica
razor blade	hoja de afeitar
shaving brush	brocha
shaving foam	espuma de afeitar
after-shave	loción para después del afeitado

4   The Human Body
El Cuerpo Humano

parts of the body   partes del cuerpo

head	cabeza
neck	cuello
throat	garganta
nape of the neck	nuca
shoulder	hombro
chest	pecho
bust	busto
breasts	pechos
abdomen	abdomen
back	espalda
arm	brazo
elbow	codo
hand	mano
wrist	muñeca
fist	puño
finger	dedo
little finger, pinkie	(dedo) meñique
index finger	(dedo) índice
thumb	pulgar
nail	uña
waist	cíntura
hip	cadera
bottom	trasero
buttocks	nalgas
leg	pierna
thigh	muslo
knee	rodilla
calf	pantorrilla
ankle	tobillo
foot	pie
heel	talón
toe	dedo del pie
organ	órgano
limb	extremidad
muscle	músculo
bone	hueso
skeleton	esqueleto
spine	columna vertebral
rib	costilla
flesh	carne

skin	piel
heart	corazón
lungs	pulmones
stomach	estómago
liver	hígado
kidneys	riñones
bladder	vejiga
blood	sangre
vein	vena
artery	arteria

the head   la cabeza

skull	cráneo
brain	cerebro
hair	pelo
face	cara
features	rasgos
forehead	frente
eyebrows	cejas
eyelashes	pestañas
eye	ojo
eyelids	párpados
pupil	pupila
nose	nariz
nostril	orificio nasal
cheek	mejilla
cheekbone	pómulo
jaw	mandíbula
mouth	boca
lips	labios
tongue	lengua
tooth	diente
milk tooth	diente de leche
wisdom tooth	muela del juicio
chin	mentón
dimple	hoyuelo
ear	oreja

▶ *Ver también el capítulo:*
    7   Movimientos y Gestos

5 How are you Feeling?
¿Cómo se encuentra?

to feel	encontrarse, sentirse
to be . . .	tener . . .
warm	calor (agradable)
hot	calor (desagradable)
cold	frío
hungry	hambre
ravenous	mucha hambre
thirsty	sed
sleepy	sueño
starving	(estar) muerto de hambre
(very) fit	en forma
in peak form	en forma
strong	fuerte
tired	cansado
exhausted	exhausto
lethargic	aletargado
weak	débil
frail	frágil
healthy	sano
in good health	(tener) buena salud
sick	enfermo
ill	enfermo
awake	despierto
alert	alerta
agitated	agitado
half asleep	semidormido
asleep	dormido
soaked	calado
frozen	congelado
too	demasiado
totally	totalmente

Take Note!

he looks tired
parece cansado

I feel weak
me siento débil

I'm too hot
tengo demasiado calor

I'm starving!
¡me muero de hambre!

I'm exhausted
estoy exhausto

I've had enough
no puedo más

I'm worn out
no doy más

▶ *Ver también el capítulo:*
    6   Salud, Enfermedades e Incapacidades

6 Health, Illnesses and Disabilities
Salud, Enfermedades e Incapacidades

to be . . .	estar . . .
well	bien
unwell	mal(o)
ill	mal(o)
better	mejor
to become ill	caer enfermo
to catch	agarrar
to have . . .	tener . . .
a stomach ache	dolor de estómago
a headache	dolor de cabeza
a sore throat	dolor de garganta
backache	dolor de espalda
earache	dolor de oído
toothache	dolor de muelas
to feel sick	tener náuseas
to be/feel seasick	estar mareado
to be in pain	sufrir
to suffer (from)	sufrir
to have a cold	tener un resfriado
to have a heart condition	sufrir del corazón
to break one's leg/arm	romperse una pierna/un brazo
to sprain one's ankle	torcerse el tobillo
to hurt one's hand	hacerse daño en la mano
to hurt one's back	hacerse daño en la espalda
to hurt	doler
to bleed	sangrar
to vomit	vomitar
to cough	toser
to sneeze	estornudar
to sweat	transpirar, sudar
to shake	temblar
to shiver	tener escalofríos
to have a temperature	tener fiebre
to faint	desmayarse
to be in a coma	estar en coma
to have a relapse	tener una recaída

to treat	tratar
to nurse	cuidar (a un inválido)
to tend	cuidar
to look after	ocuparse de
to call	llamar
to send for	hacer venir
to make an appointment	pedir hora
to examine	examinar
to advise	aconsejar
to prescribe	recetar
to operate	operar
to have an operation	operarse
to have one's tonsils taken out	operarse de amígdalas
to X-ray	hacerse una radiografía
to dress a wound	vendar una herida
to need	necesitar
to take	tomar
to rest	descansar
to be convalescing	estar convaleciente
to heal	curar(se)
to recover	recuperarse
to be on a diet	estar a dieta
to lose weight	adelgazar
to swell	hincharse
to become infected	infectarse
to get worse	empeorar
to die	morir
ill	enfermo
sick	enfermo
unwell	mal
weak	débil
cured	curado
in good health	sano
alive	vivo
pregnant	embarazada
allergic to	alérgico a
anemic	anémico
diabetic	diabético
constipated	estreñido
painful	doloroso
contagious	contagioso
serious	grave
infected	infectado
swollen	hinchado
broken	roto
sprained	torcido

illnesses

las enfermedades

disease	enfermedad
pain	dolor
epidemic	epidemia
fit	ataque
attack	ataque
wound	herida
spraln	torcedura
fracture	fractura
hemorrhage	hemorragia (int)
bleeding	hemorragia (ext)
fever	fiebre
temperature	fiebre, temperatura
hiccups	hipo
cough	tos
pulse	pulso
breathing	respiración
blood	sangre
blood group	grupo sanguíneo
blood pressure	tensión sanguínea
period	regla
abscess	absceso
throat infection	angina
appendicitis	apendicitis
arthritis	artritis
asthma	asma
stroke	infarto
abortion	aborto (quirúrgico)
bronchitis	bronquitis
cancer	cáncer
concussion	traumatismo craneal
constipation	estreñimiento
whooping cough	tos ferina
heart attack	ataque cardíaco
epileptic fit	ataque de epilepsia
upset stomach	trastorno de estómago
nervous breakdown	colapso nervioso
diarrhea	diarrea
epilepsy	epilepsia
miscarriage	aborto (natural)
flu	gripe
hernia	hernia
indigestion	indigestión
infection	infección
sunstroke	insolación

leukemia	leucemia
headache	jaqueca
migraine	migraña
mumps	paperas
pneumonia	neumonía
rabies	rabia
rheumatism	reuma
cold	resfriado, catarro
hay fever	fiebre del heno
measles	sarampión
German measles	rubeola
AIDS	SIDA
TB	tuberculosis
typhoid	fiebre tifoidea
ulcer	úlcera
chickenpox	varicela
smallpox	viruela

the skin　　la piel

burn	quemadura
cut	corte
scratch	arañazo
bite	mordedura
itch	picazón
rash	erupción
acne	acné
spots	granos
wart	verruga
corn	callo
blister	ampolla
bruise	cardenal
scar	cicatriz
sunburn	quemadura solar

treatment　　tratamiento

medicine	medicamento
hygiene	higiene
health	salud
contraception	métodos anticonceptivos
(course of) treatment	tratamiento
health care	cuidados
first aid	primeros auxilios
hospital	hospital
clinic	clínica
doctor's office	consulta
emergency	emergencia

ambulance	ambulancia
stretcher	camilla
wheelchair	silla de ruedas
plaster cast	escayola
crutches	muletas
operation	operación
anesthetic	ancstesia
blood transfusion	transfusión de sangre
X-ray	radiografía
diet	dieta
consultation	consulta
appointment	cita
prescription	receta
convalescence	convalecencia
relapse	recaída
recovery	recuperación
death	muerte
doctor	médico
duty doctor	médico de guardia
specialist	especialista
nurse	enfermera
(male) nurse	enfermero
patient	paciente

medication
los medicamentos

medicine	medicamento
drugstore	farmacia
antibiotics	antibióticos
painkiller	calmante, analgésico
aspirin	aspirina
tranquilizer	tranquilizante
sleeping tablet	somnífero
laxative	laxante
tonic	tónico
vitamlns	vitaminas
cough mixture	jarabe para la tos
tablet	tabletas, comprimidos
lozenge	pastillas
pastille	pastillas
(contraceptive) pill	píldora (anticonceptiva)
drops	gotas
antiseptic	desinfectante
ointment	pomada
absorbent cotton	algodón hidrófilo
bandage	vendaje
dressing	gasa

band-aid	esparadrapo
sanitary napkin	compresa, toalla higiénica
tampon	tampón
shot, injection	inyección
vaccination	vacuna

at the dentist's   en el dentista

dentist	dentista
dentures	dentadura
decay	caries
extraction	extracción
drill	torno
false teeth	diente postizo
filling	empaste
plaque	placa

disabilities   minusvalías físicas

disabled	discapacitado
mentally handicapped	con minusvalía psíquica
Down's syndrome	con síndrome de Down
blind	ciego
color-blind	daltónico
short-sighted	miope
long-sighted	hipermétrope
hard of hearing	duro de oído
deaf	sordo
deaf and dumb	sordomudo
crippled	paralítico
lame	cojo

handicapped person	discapacitado fisico
mentally handicapped person	con minusvalía psíquica
blind person	ciego
disabled person	discapacitado

cane	bastón
wheelchair	silla de ruedas
hearing aid	audífono
glasses	lentes, anteojos
contact lenses	lentes de contacto

Take Note!

how are you feeling?
¿cómo se siente?

I don't feel very well
no me siento muy bien

I feel sick
tengo ganas de vomitar

I feel dizzy
estoy mareado

where does it hurt?
¿dónde le duele?

my eyes are sore
me duelen los ojos

it's nothing serious
no es nada grave

I took my temperature
me he tomado la temperatura

he's got a temperature of 101
tiene 38 de fiebre

she had an eye operation
se operó del ojo

have you got anything for . . .?
¿tiene algo para . . .?

▶ *Ver también capítulo:*
4 El Cuerpo Humano

7 Movements and Gestures
Movimientos y Gestos

comings and goings

idas y venidas

to go	ir
to appear	aparecer
to arrive	llegar
to go on	seguir
to run	correr
to pass	pasar
to go/come down(stairs)	bajar (la escalera)
to get off	bajar (del autobús, tren, etc.)
to disappear	desaparecer
to go/come in(to)	entrar en
to rush in	irrumpir
to be rooted to the spot	quedarse helado/inmóvil
to pace up and down	pasearse de un lado a otro
to go for a walk	dar un paseo
to rush along	irrumpir
to slide (along)	deslizarse
to walk	caminar
to stride	caminar (con pasos largos)
to walk backward	caminar hacia atrás
to go up(stairs)	subir (la escalera)
to get on	subir (al autobús, tren, etc.)
to go away	irse, marcharse
to rush away	marcharse deprisa
to go past	pasar por
to go through	atravesar
to move back	retroceder
to go/come back down	volver a bajar
to go/come back up	volver a subir
to set off again	marcharse otra vez
to go/come back (in/home)	volver (a entrar/a casa)
to go/come back out	volver a salir
to stay/remain	quedarse
to return	regresar
to come back	volver
to hop	caminar a saltos
to jump	saltar
to stop	detenerse
to go for a stroll	dar un paseo
to hide	esconderse
to go to bed	irse a la cama
to lie down	tumbarse, acostarse, echarse

to hurry	darse prisa
to set off	ponerse en marcha
to come/go out (of)	salir (de)
to follow	seguir
to appear suddenly	surgir
to stagger	caminar tambaleándose
to dawdle	caminar arrastrando los pies
to hang about	rondar, dar vueltas
to cross	cruzar
to trip	tropezar
to come	venir
arrival	llegada
departure	partida
beginning	principio
end	fin
entrance	entrada
exit, way out	salida
return	regreso
crossing	cruce
walk	paseo
walking	caminar
way of walking	forma de caminar
step	paso
stroll	paseo
rest	descanso
jump	salto
start	sobresalto
stealthily	a hurtadillas
at a trot/run	a toda prisa

actions   acciones

to catch	atrapar
to lower	bajar (algo)
to move	mover
to hide	esconder
to start	empezar
to remove	quitar
to close	cerrar
to finish	terminar
to hit	golpear
to knock	golpear
to throw	tirar
to throw away	tirar (a la basura)
to drop	dejar caer
to go get	ir a buscar
to lift	levantar
to raise	levantar

to put	poner
to open	abrir
to put down	dejar
to place	colocar
to push	empujar
to take	coger
to start again	volver a empezar
to lean on (with one's elbows)	acodarse
to squat down	ponerse en cuclillas
to kneel down	ponerse de rodillas, arrodillarse
to lie down	tenderse, tumbarse
to stretch out	extenderse
to lean (against/on)	apoyarse (contra/sobre)
to sit down	sentarse
to stoop	inclinarse
to get/stand up	levantarse
to lean (over)	asomarse
to (have a) rest	descansar
to turn around	darse la vuelta
to squeeze	estrechar, apretar
to give a start	sobresaltar
to hold	sostener, abrazar
to hold tight	sostener, abrazar fuerte
to hang onto	aferrarse a
to touch	tocar
to pull	tirar (de algo)
to drag	arrastrar

postures   las posturas

sitting	sentado
seated	sentado
standing	de pie
leaning	inclinado
hanging	colgado
squatting	en cuclillas
kneeling	de rodillas, arrodillado
on one's knees	de rodillas
lying down	acostado, tendido
lying face-down	acostado, tendido boca abajo
lying stretched out	extendido
leaning (on/against)	apoyado (sobre/contra)
leaning on one's elbow(s)	acodado
on all fours	a cuatro patas

gestures   los gestos

to look down	bajar la mirada
to lower one's eyes	bajar la mirada

to blink	parpadear
to kick	patear
to punch	dar un puñetazo
to slap	dar una bofetada
to wink	guiñar el ojo
to make a face	hacer una mueca
to make a sign	hacer una seña
to frown	fruncir el ceño
to shrug one's shoulders	encogerse de hombros
to nod	asentir con la cabeza
to shake one's head	negar con la cabeza
to (cast a) glance	echar una ojeada
to look up	levantar la mirada
to raise one's eyes	levantar la mirada
to point at	señalar
to laugh	reírse
to smile	sonreír

yawn	bostezo
wink	guiño
glance	ojeada
kick	patada
punch	puñetazo
gesture	gesto
slap	bofetada
grimace	mueca
shrug	acción de encogerse de hombros
nod	asentimiento con la cabeza
movement	movimiento
laugh	risa
sign	seña
signal	señal
smile	sonrisa

Take Note!

we went there by train
fuimos allí en tren

I walk to school
voy a la escuela a pie

he ran downstairs
bajó la escalera corriendo

I ran out
salí corriendo

she ran across the street
cruzó la calle corriendo

he staggered in
entró tambaleándose

you gave me a start!
¡qué susto me has dado!

8 Identity
La Identidad

name
el nombre

to name	llamar, dar por nombre
to christen	bautizar
to call	llamar
to be called	llamarse
to nickname	apodar
to sign	firmar
to spell	deletrear

identity	identidad
signature	firma
name	nombre
surname	apellido
first name	nombre de pila
maiden name	apellido de soltera
nickname	apodo
pet name	diminutivo
initials	iniciales

Mr. Martin	Señor (Sr.) Martin
Mrs. Martin	Señora (Sra.) Martin
Miss. Martin	Señorita (Srta.) Martin
Ms. Martin	Sra. o Srta. Martin

gentlemen	(caballeros) Señores
ladies	(damas) Señoras, señoritas

sexes
los sexos

woman	mujer
lady	señora, dama
girl	niña, chica, muchacha
man	hombre
gentleman	señor, caballero
boy	niño, chico, muchacho

masculine	masculino
feminine	femenino
male	de sexo masculino, hombre
female	de sexo femenino, mujer

marital status

to marry	casarse con
to get married (to)	casarse con
to become engaged	comprometerse
to get a divorce	divorciarse
to break off one's engagement	romper el compromiso

single	soltero
unmarried	soltero
married	casado
engaged	comprometido
divorced	divorciado
separated	separado
widowed	viudo

husband	marido
wife	mujer
partner	compañero
ex-husband	ex-marido
ex-wife	ex-mujer
fiancé	novio
fiancée	novia
bridegroom	novio (en la boda)
bride	novia (en la boda)
newlyweds	recién casados
widower	viudo
widow	viuda
orphan	huérfano
ceremony	ceremonia
birth	nacimiento
christening	bautizo
death	muerte
funeral	funeral
wedding	boda, *Andes, RP* matrimonio
engagement	compromiso
divorce	divorcio

to be born	nacer
to die	morir

estado civil

address

to live	vivir
to rent	alquilar, *Méx* rentar
to share	compartir

address	domicilio
home address	domicilio particular
floor	planta, piso

domicilio

story	planta, piso
ZIP code	código postal
number	número
phone number	número de teléfono
telephone book	guía teléfónica, directorio de teléfonos
owner	propietario
landlord	propietario, casero
tenant	inquilino
neighbor	vecino
in/to town	en la ciudad
in the suburbs	en los suburbios
in the country	en el campo

religion   la religión

Catholic	católico
Protestant	protestante
Muslim	musulmán
Jewish	judío
atheist	ateo

Take Note!

what is your name?
¿cómo se llama?

my name is Richard Johnson
mi nombre es Richard Johnson

what is your first name?
¿cuál es su nombre de pila?

her name is Mary
se llama Mary

how do you spell that?
¿cómo se escribe?

where do you live?
¿dónde vive?

I live in Chicago/in California
vivo en Chicago/en California

it's on the third floor
es en la tercera planta

I live in Franklin Street/at 27 Byres Road
vivo en Franklin Street/en Byres Road, 27

I've been living here for a year/since 1997
vivo aquí desde hace un año/1997

I'm living at Gerry's
vivo en casa de Gerry

▶ *Ver también el capítulo:*
29 La Familia y los Amigos

9 Age
La Edad

young	joven
old	viejo
age	edad
birth	nacimiento
life	vida
youth	juventud
adolescence	adolescencia
old age	tercera edad
date of birth	fecha de nacimiento
birthday	cumpleaños
baby	bebé, *Andes, RP* guagua
child	niño/a
teenager	adolescente
adult	adulto
grown-ups	mayores
young person	joven
young people	jóvenes
young woman	muchacha
girl	chica
young man	muchacho
boy	chico
senior citizen	persona de la tercera edad
old person	anciano/a
old woman	anciana
old man	anciano
old people	ancianos

Take Note!

how old are you?
¿qué edad tiene?

I'm 20 (years old)
(Tengo) 20 (años (de edad))

when were you born?
¿cuándo nació?

on the first of March 1960
el primero de marzo de 1960

what year were you born in?
¿en qué año nació?

I was born in Boston in 1968
nací en Boston en 1968

a one-month-old baby
un bebé de un mes

an eight-year-old child
un niño de ocho años

a sixteen-year-old girl
una chica de dieciséis años

a woman of about thirty
una mujer de unos treinta años

a middle-aged man
un hombre de mediana edad

an elderly person
una persona mayor

10 Work and Jobs
El Trabajo y las Profesiones

to work	trabajar
to intend to	tener la intención de
to become	llegar a ser
to be interested in	interesarse por
to study	estudiar
to take a course	hacer un curso
to be ambitious	ser ambicioso
to have experience	tener experiencia
to lack experience	no tener experiencia
to be unemployed	no tener empleo
to receive unemployment pay	estar cobrando el paro
to look for work	buscar trabajo
to apply for a job	presentarse para un trabajo
to reject	rechazar
to accept	aceptar
to take on	contratar
to find a job	encontrar trabajo
to be successful	tener éxito
to earn	ganar, cobrar
to earn a living	ganarse la vida
to get	cobrar
to pay	pagar
to take a vacation	tomarse unas vacaciones
to take a day off	tomarse el día libre
to lay off	licenciar, cesar
to dismiss	despedir
to fire	despedir
to resign	renunciar
to leave	irse
to retire	jubilarse
to be on strike	estar en huelga
to go on strike	hacer/ponerse en huelga
to strike	estar en/hacer huelga
difficult	difícil
easy	fácil
interesting	interesante
exciting	apasionante
boring	aburrido
dangerous	peligroso
important	importante
useful	útil

9 Age
La Edad

young	joven
old	viejo
age	edad
birth	nacimiento
life	vida
youth	juventud
adolescence	adolescencia
old age	tercera edad
date of birth	fecha de nacimiento
birthday	cumpleaños
baby	bebé, *Andes, RP* guagua
child	niño/a
teenager	adolescente
adult	adulto
grown-ups	mayores
young person	joven
young people	jóvenes
young woman	muchacha
girl	chica
young man	muchacho
boy	chico
senior citizen	persona de la tercera edad
old person	anciano/a
old woman	anciana
old man	anciano
old people	ancianos

Take Note!

how old are you?
¿qué edad tiene?

I'm 20 (years old)
(Tengo) 20 (años (de edad))

when were you born?
¿cuándo nació?

on the first of March 1960
el primero de marzo de 1960

I live in Franklin Street/at 27 Byres Road
vivo en Franklin Street/en Byres Road, 27

I've been living here for a year/since 1997
vivo aquí desde hace un año/1997

I'm living at Gerry's
vivo en casa de Gerry

▶ *Ver también el capítulo:*

29 La Familia y los Amigos

people at work	las profesiones
accountant	contable
actor/actress	actor/actriz
advisor	consejero, asesor
army officer	oficial del ejército
air stewardess	azafata, aeromoza
ambulance driver	conductor de ambulancia
anchorman/anchorwoman	presentador
architect	arquitecto
artist	artista
astronaut	astronauta
astronomer	astrónomo
baker	panadero
bank clerk	empleado de banco
bookseller	librero
boss	jefe
bricklayer	albañil
builder	constructor
bus driver	conductor de autobús
businessman	empresario
businesswoman	empresaria
butcher	carnicero
careers adviser	consejero vocacional
caretaker	encargado
carpenter	carpintero
cartoonist	humorista gráfico
chambermaid	doncella
civil servant	funcionario
cleaner	mujer de la limpieza
clerk	vendedor
comedian	cómico, humorista
computer programmer	programador de computadoras
computer scientist	informático
confectioner	pastelero
cook	cocinero
counselor	consejero
customs officer	funcionario de aduanas
dancer	bailarín
dealer	proveedor
decorator	decorador
deliveryman	mensajero
dentist	dentista
director	director
doctor	doctor, médico
dressmaker	modista
driver	conductor
electrician	electricista
elementary school teacher	maestro de escuela

employee	empleado
engineer	ingeniero
executive	ejecutivo
farmer	granjero
fashion designer	diseñador
fireman	bombero
fish dealer	pescadero
fisherman	pescador
flight attendant	auxiliar de vuelo
florist	florista
foreman	capataz
furniture dealer	vendedor de muebles
garage owner	dueño de un taller
garage mechanic	mecánico de un taller
garbage man	barrendero
gardener	jardinero
graphic artist	diseñador gráfico
grocer	tendero
hairdresser	peluquero
inspector	inspector
instructor	monitor
interpreter	intérprete
janitor	encargado
jeweler	joyero
journalist	periodista
judge	juez
laborer	peón, jornalero
lawyer	abogado
maid	doncella
mailman	cartero
manager	gerente
mechanic	mecánico
merchant	comerciante (mayorista)
miner	minero
minister	pastor (religioso)
model	modelo
monk	monje
moving man	mozo de mudanzas
nanny	niñera
newsdealer	quiosquero
nun	monja
nurse	enfermera
nursery teacher	maestra de jardín de infancia
office worker	empleado de oficina
owner	propietario (del local)
painter	pintor
painter and decorator	pintor y decorador
pastrycook	pastelero

pharmacist	farmacéutico
photographer	fotógrafo
physicist	físico
pilot	piloto
policeman/policewoman	agente de policía
politician	político
postman	cartero
priest	sacerdote
professor	profesor titular
psychiatrist	psiquiatra
psychologist	psicólogo
receptionist	recepcionista
reporter	reportero
sailor	marino, marinero
sales representative	representante (comercial)
salesperson	vendedor
school principal	director de escuela
scientist	científico
secretary	secretaria
semiskilled worker	obrero capacitado
senior executive	ejecutivo superior
servant	sirviente
shepherd(ess)	pastor(a)
shoe repairer	zapatero
shopkeeper	comerciante
singer	cantante
social worker	asistente social
soldier	soldado
star	estrella
steward	auxiliar de vuelo
student	estudiante
surgeon	cirujano
switchboard operator	telefonista
tailor	sastre
taxi driver	taxista
teacher	maestro, profesor
technician	técnico
tourist guide	guía de turismo
translator	traductor
truck driver	camionero
TV announcer	presentador de TV
(shorthand) typist	(taqui)mecanógrafo
unskilled worker	obrero no especializado
veterinary surgeon	veterinario
waiter/waitress	camarero/a, mesero/a, *RP* mozo/a
watchmaker	relojero
worker	obrero
writer	escritor

the world of work

worker	trabajador, obrero
working people	trabajadores
unemployed person	parado, desocupado
job applicant	solicitante (de un trabajo)
employer	patrón
boss	jefe
management	dirección
staff	personal
personnel	personal
apprentice	aprendiz
trainee	aprendiz
striker	huelguista
retired person	jubilado
pensioner	pensionista
labor unlonist	sindicalista
the future	el futuro
career	carrera (trayectoria)
profession	profesión
occupation	ocupación
trade	comercio, oficio
job	oficio, puesto, empleo, trabajo
job with good prospects	empleo con futuro
temporary job	trabajo temporal
part-time job	trabajo de media jornada
full-time job	trabajo de jornada completa
openings	salidas
situation	situación
post	puesto
training course	curso de formación
apprenticeship	aprendizaje
qualifications	formación
training	formación permanente
continuing education	diplomas, títulos, referencias
certificate	certificado
diploma	diploma
degree	título (superior)
employment	empleo
sector	sector
research	investigación
computer science	informática
business	negocios
industry	industria
company	compañía, empresa
office	oficina
factory	fábrica

el mundo del trabajo

workshop	taller
shop	tienda
laboratory	laboratorio
work	trabajo
vacation	vacaciones
leave	licencia
maternity leave	permiso por maternidad
sick leave	permiso por enfermedad
paid vacation	vacaciones pagadas
(work) contract	contrato (de trabajo)
job application	solicitud de empleo
form	forma
ad(vertisement)	anuncio
jobs advertised	ofertas de empleo
interview	entrevista
salary	salario
pay	paga
wages	sueldos
income	ingresos
flexitime	horario flexible
forty-hour week	semana de 40 horas
taxes	impuestos
pay raise	aumento de sueldo
business trip	viaje de negocios
redundancy	cese
pension	jubilación
labor union	sindicato
strike	huelga

Take Note!

what does he/she do (for a living)?
¿a qué se dedica?

he's a doctor
es médico

she's an architect
es arquitecta

what would you like to do when you grow up?
¿qué querrías ser de mayor?

what are your plans for the future?
¿qué proyectos tiene?

I'd like to be an artist
querría ser artista

I am planning to study medicine
pienso estudiar medicina

the most important thing as far as I am concerned is the pay/free time
lo que más me importa es la paga/el tiempo libre

what I'm most interested in is biochemistry
lo que más me interesa es la bioquímica

11 Character and Behavior
El Carácter y la Conducta

to behave	comportarse
to control oneself	dominarse
to allow	permitir
to obey	obedecer
to disobey	desobedecer
to prevent (from)	evitar (que)
to forbid	prohibir
to disapprove of	reprobar
to scold	regañar
to be told off	recibir una reprimenda
to get angry	enfadarse
to apologize	pedir disculpas
to forgive	perdonar
to punish	castigar
to reward	recompensar, premiar
to dare	atreverse
apology, apologies	disculpa, disculpas
arrogance	arrogancia
behavior	conducta, comportamiento
caution	cautela, prudencia
character	carácter
charm	encanto
cheerfulness	alegría
coarseness	grosería
craftiness	astucia
craziness	locura
cruelty	crueldad
delight	alegría
embarrassment	vergüenza, pena
envy	envidia
excuse	excusa
folly	locura
good behavior	buena conducta
honesty	honestidad
humanity	humanidad
humor	humor
impatience	impaciencia
insolence	insolencia
instinct	instinto
intelligence	inteligencia
Intolerance	intolerancia
jealousy	celos

joy	alegría
kindness	amabilidad
laziness	pereza
madness	locura
mischief	travesura
mood	humor
nastiness	malicia
naughtiness	desobediencia
obedience	obediencia
patience	paciencia
politeness	cortesía
pride	orgullo
punishment	castigo
reward	recompensa
rudeness	descortesía
sadness	tristeza
shyness	timidez
skillfulness	habilidad
telling-off	reprimenda, bronca
timidity	timidez
trick	truco, broma
spite	rencor, maldad
vanity	vanidad
absent-minded	distraído
amusing	divertido
angry	enfadado
arrogant	arrogante
astute	astuto
bad	malo
boastful	engreído
boring	aburrido
brave	valiente
calm	tranquilo
careful	prudente
cautious	cauto
charming	encantador
cheerful	alegre
clumsy	torpe
coarse	grosero
crazy	loco
cruel	cruel
curious	curioso
discreet	discreto
disobedient	desobediente
embarrassed	avergonzado, apenado
envious	envidioso
friendly	amistoso
funny	divertido

good	bueno
decent	honesto, decente
happy	feliz
hard-working	trabajador
honest	honesto, honrado
impatient	impaciente
impulsive	impulsivo
indifferent	indiferente
insolent	insolente
instinctive	instintivo
intelligent	inteligente
intolerant	intolerante
jealous	celoso
joyful	alegre
kind	amable
lazy	perezoso
mad	loco
mischievous	travieso
modest	modesto
nasty	malvado
natural	natural
naughty	travieso
naïve	ingenuo
nice	agradable, simpático
obedient	obediente
optimistic	optimista
patient	paciente
pessimistic	pesimista
pleasant	agradable
polite	cortés
poor	pobre
proud	orgulloso
quiet	tranquilo, callado
reasonable	sensato
respectable	respetable
respectful	respetuoso
rude	grosero, descortés
sad	triste
scatterbrained	atropellado
sensible	sensato
sensitive	sensible
serious	serio
shrewd	astuto
shy	tímido
silly	tonto
skillful	hábil
sorry	arrepentido, apenado
strange	extraño

stubborn	testarudo
stupid	estúpido
surprising	sorprendente
talkative	hablador
terrific	estupendo
timid	tímido
tolerant	tolerante
unhappy	desdichado
untidy	desordenado
vain	vanidoso
wily	astuto
witty	ingenioso

Take Note!

I think she's very nice
me parece muy simpática

he's in a (very) good/bad mood
está de (muy) buen/mal humor

he is good/ill-natured
tiene buen/mal carácter

she was kind enough to lend me her umbrella
tuvo la amabilidad de dejarme su paraguas

I'm sorry to disturb you
siento molestarle

I'm (really) sorry
lo siento (muchísimo)

I do apologize
le ruego que me disculpe

he apologized to the teacher for being insolent
pidió disculpas al maestro por su insolencia

12 Emotions
Las Emociones

anger   ira

to become angry/mad with	enojarse con
to lose one's temper with	impacientarse con
to be angry/mad	estar enojado
to be fuming	echar humo
to become indignant at	indignarse con
to get excited	ponerse nervioso
to get worked up	ponerse nervioso
to shout	gritar
to hit	golpear
to slap (on the face)	abofetear

anger	ira, enojo
indignation	indignación
tension	tensión
stress	estrés
cry	grito
shout	grito
blow	golpe
slap (on the face)	bofetada

annoyed	irritado
angry	enojado
furious	furioso
mad	enojado
sulky	resentido

annoying	irritante

sadness   la tristeza

to weep	llorar
to cry	llorar
to burst into tears	romper a llorar
to sob	sollozar
to sigh	suspirar

to distress	inquietar
to shatter	preocupar
to shock	impresionar
to dismay	consternar
to disappoint	desilusionar
to disconcert	desconcertar
to depress	deprimir

to move	conmover
to affect	afectar
to touch	conmover
to trouble	turbar
to take pity on	sentir lástima por
to comfort	consolar
to console	consolar

grief	pena, dolor
sorrow	tristeza, dolor
sadness	tristeza
disappointment	desilusión
depression	depresión
homesickness	añoranza
melancholy	melancolía
nostalgia	nostalgia
suffering	sufrimiento

tear	lágrima
sob	sollozo
sigh	suspiro
failure	fracaso
bad luck	mala suerte
misfortune	desgracia

sad	triste
shattered	destrozado
disappointed	desilusionado
depressed	deprimido
distressed	angustiado, afligido
moved	conmovido
gloomy	melancólico
heartbroken	afligido

fear and worries

el miedo y las preocupaciones

to be frightened (of)	tener miedo (de)
to fear	temer
to frighten	asustar
to worry (about)	preocuparse (de)
to tremble	temblar
to dread	temer

terror	terror
dread	terror, miedo
fright	miedo
shiver	escalofríos
shock	impresión

fearful	temeroso
afraid	asustado
frightening	que da miedo
petrified	muerto de miedo
worried	preocupado
nervous	nervioso
anxious	angustiado
trouble	problemas
anxieties	preocupaciones
problem	problema
worry	preocupación

happiness — la alegría y la felicidad

to enjoy oneself	divertirse
to be delighted about	estar encantado con
to laugh (at)	reírse (de)
to burst out laughing	romper a reír
to have the giggles	tener un ataque de risa
to smile	sonreír
happiness	felicidad, alegría
joy	alegría, dicha
satisfaction	satisfacción
laugh	risa
burst of laughter	carcajada
laughters	risas
smile	sonrisa
love	amor
love at first sight	amor a primera vista
luck	suerte
success	éxito
surprise	sorpresa
pleased	encantado
happy	feliz, contento
in love	enamorado

Take Note!

he frightened them
los asustó

he's frightened of dogs
los perros le dan miedo

I'm very sorry to hear that
cuánto lo siento (al oír malas noticias)

he/she misses his/her brother
echa de menos a su hermano

I'm homesick
echo de menos a mi familia

she is lucky
tiene suerte

he's in love with Susan
está enamorado de Susan

13 The Senses
Los Sentidos

sight   la vista

to see	ver
to look at	mirar
to watch	mirar, observar
to observe	observar
to examine	examinar
to study closely	observar detenidamente
to see again	volver a ver
to catch a glimpse of	entrever
to squint	bizquear
to glance at	echar una ojeada
to stare at	mirar fijamente
to peek at	espiar
to switch on (the light)	encender, prender
to switch off (the light)	apagar
to dazzle	deslumbrar
to blind	cegar
to light up	iluminar
to appear	aparecer
to disappear	desaparecer
to reappear	reaparecer
to watch TV	ver la tele
sight	vista (sentido y paisaje)
vision	visión
view	vista, perspectiva
color	color
light	luz
brightness	claridad
darkness	oscuridad
eye	ojo
glasses	gafas, lentes
sunglasses	gafas de sol
contact lenses	lentes de contacto
magnifying glass	lupa
binoculars	binoculares
microscope	microscopio
telescope	telescopio
Braille	Braille

bright	brillante
light	claro
dazzling	deslumbrante
dark	oscuro

hearing

el oído

to hear	oír
to listen to	escuchar
to whisper	susurrar
to sing	cantar
to hum	tararear
to whistle	silbar
to buzz	zumbar
to rustle	crujir
to creak	crujir
to ring	sonar
to thunder	tronar
to deafen	ensordecer
to be silent	callar
to prick up one's ears	aguzar los oídos
to slam the door	dar un portazo
to break the sound barrier	romper la barrera del sonido
hearing	oído
noise	ruido
sound	sonido
voice	voz
racket	bullicio, tumulto
din	estruendo, estrépito
echo	eco
whisper	susurro
song	canción
buzzing	zumbido
crackling	crepitar
explosion	explosión
creaking	crujido
ringing	sonido
thunder	trueno
ear	oído
loudspeaker	altavoz
public address system	sistema de megafonía
intercom	interfono
earphones	audífonos
headset	cascos
personal stereo	walkman (R)

radio	radio
Morse code	código Morse
earplugs	tapones para los oídos
hearing aid	auricular
noisy	ruidoso
silent	silencioso
loud	fuerte, alto
faint	débil, bajo
deafening	ensordecedor
deaf	sordo
hard of hearing	que no oye bien

touch   el tacto

to touch	tocar
to stroke	acariciar
to tickle	hacer cosquillas
to rub	frotar
to knock	golpear
to hit	golpear
to scratch	rascar
touch	tacto
stroke	caricia
blow	golpe
handshake	apretón de manos
fingertips	yemas de los dedos
smooth	liso
rough	áspero
soft	suave
hard	duro
hot	caliente
warm	templado, tibio
cold	frío

taste   el gusto

to taste	saber, probar
to drink	beber, tomar
to eat	comer
to lick	lamer
to sip	sorber
to gobble up	devorar
to savor	saborear
to swallow	tragar
to chew	masticar

to salt	salar
to sweeten	endulzar
to add spices to	condimentar
taste	gusto
mouth	boca
tongue	lengua
saliva	saliva
taste buds	papilas gustativas
appetite	apetito
appetizing	apetitoso
mouthwatering	que hace la boca agua
delicious	delicioso
horrible	desagradable
sweet	dulce
salted/salty	salado
tart	ácido
sour	agrio
bitter	amargo
spicy	condimentado
hot	picante
strong	fuerte
tasteless	soso, insípido

smell   el olfato

to smell	oler
to smell of	oler a
to sniff	oler
to stink	oler mal, heder, apestar
to be fragrant	oler bien
to perfume	perfumar
to smell nice/awful	oler bien/mal
(sense of) smell	olfato
smell	olor
scent	olor
perfume	perfume
aroma	aroma
fragrance	fragancia
stench	hedor
smoke	humo
nose	nariz
nostrils	orificios nasales
fragrant	fragante
scented	perfumado
stinking	maloliente, hediondo

smoky	ahumado
odorless	inodoro

Take Note!

it's dark in the cellar
está oscuro en el sótano

it makes my mouth water
se me hace la boca agua

I heard the child singing
oí cantar al niño

this coffee tastes like soap
este café sabe a jabón

this chocolate tastes funny
este chocolate sabe raro

it feels soft
es suave (al tacto)

it smells good/bad
huele bien/mal

this room smells of smoke
en esta habitación huele a humo

it's stuffy in here
aquí falta el aire

▶ *Ver también los capítulos:*

14 Likes and Dislikes
Gustos y Preferencias

to like	gustarle a uno
to love	gustarle mucho a uno
to adore	encantarle a uno
to be fond of	encantarle a uno
to be attracted to	apasionarle a uno
to appreciate	apreciar
to feel like	tener ganas de, apetecerle a uno
to dislike	no gustarle a uno
to detest	detestar
to hate	odiar
to despise	despreciar
to prefer	preferir
to choose	elegir
to compare	comparar
to hesitate	dudar
to decide	decidir
to need	necesitar
to want	querer
to wish	desear
to wish for	desear
love	amor
taste	gusto
liking	inclinación
loathing	repugnancia
hate	odio
contempt	desprecio
choice	elección, opción
comparison	comparación
preference	preferencia
contrary	contrario
opposite	contrario, opuesto
contrast	contraste
difference	diferencia
similarity	similitud
need	necesidad
wish	deseo

different (from)	distinto (de)
equal (to)	igual (a)
identical (to)	idéntico (a)
the same (as)	el mismo (que)
similar (to)	similar (a)
like	como
in comparison with	comparado con
in relation to	relacionado con
more	más
less	menos
a lot	mucho
enormously	enormemente
a great deal	mucho
a lot more/less	mucho más/menos
quite a lot more/less	muchísimo más/menos

TakeNote!

I really like doing drama
me gusta mucho hacer teatro

red is my favorite color
el rojo es mi color preferido

I prefer coffee to tea
prefiero el café al té

I'd rather stay at home
preferiría quedarme en casa

I feel like going out tonight
tengo ganas de salir esta noche

they'd like to go to the movies
les gustaría ir al cine

15 Daily Routine and Sleep
La Vida Cotidiana y el Sueño

to wake up	despertarse
to get up	levantarse
to stretch	desperezarse
to yawn	bostezar
to be half asleep	estar medio dormido
to have a lie-in	remolonear
to oversleep	quedarse dormido
to open the curtains	abrir las cortinas
to pull up the blinds	levantar las persianas
to switch the light on	encender la luz
to wash oneself	asearse, lavarse
to wash up	asearse
to wash one's face	lavarse la cara
to wash one's hands	lavarse las manos
to brush one's teeth	cepillarse los dientes
to wash one's hair	lavarse el pelo
to have a shower	darse una ducha
to have a bath	darse un baño
to soap oneself down	enjabonarse
to dry oneself	secarse
to dry one's hands	secarse las manos
to shave	afeitarse, *Méx* rasurarse
to go to the bathroom	ir al servicio
to get dressed	vestirse
to do one's hair	peinarse (mujer)
to brush/comb one's hair	cepillarse/peinarse
to put on one's make-up	maquillarse
to put in one's contact lenses	ponerse las lentes de contacto
to put in one's false teeth	ponerse la dentadura postiza
to make the bed	hacer la cama
to switch the radio/television on	encender la radio/el televisor
to switch the radio/television off	apagar la radio/el televisor
to have breakfast	desayunar
to feed the cat/dog	dar de comer al gato/perro
to water the plants	regar las plantas
to get ready	prepararse (para salir)
to go to school	ir a la escuela
to go to the office	ir a la oficina
to go to work	ir a trabajar
to take the bus	tomar el autobús

to come home	volver a casa
to go home	ir a casa
to come back from school	volver de la escuela
to come back from work	volver del trabajo
to do one's homework	hacer la tarea
to have a rest	descansar
to have a nap	echar una siesta
to have a cup of coffee	tomar una taza de café
to watch television	ver la tele
to read	leer
to play	jugar
to have dinner	cenar
to lock the door	cerrar la puerta con llave
to undress	desvestirse
to draw the curtains	cerrar las cortinas
to pull down the blinds	bajar las persianas
to go to bed	irse a la cama
to tuck in	arropar
to set the alarm (clock)	poner el despertador
to switch the light off	apagar la luz
to fall asleep	dormirse
to sleep	dormir
to doze	dormitar
to dream	soñar
to sleep badly	dormir mal
to suffer from insomnia	tener insomnio
to have a sleepless night	pasar la noche en vela

washing   el aseo

soap	jabón
towel	toalla
(bath) towel	toalla de baño
hand towel	toalla de manos
washcloth	guante de baño
sponge	esponja
brush	cepillo
comb	peine
toothbrush	cepillo de dientes
toothpaste	pasta de dientes
shampoo	champú
bubble bath	baño de espuma
bath salts	sales de baño
deodorant	desodorante
toilet paper	papel higiénico
hair dryer	secador de pelo
scales	báscula de baño

bed

pillow	almohada
sheet	sábana
pillowcase	funda de almohada
blanket	cobija, frazada
extra blanket	cobija suplementaria
mattress	colchón
bedspread	cubrecama
electric blanket	cobija eléctrica
hot-water bottle	bolsa de agua caliente

usually	habitualmente
in the morning	por la mañana
in the evening	por la noche
every morning	todas las mañanas
then	luego

la cama

Take Note!

I set my (alarm) clock for seven
pongo mi despertador para las siete

I am an early riser
soy madrugador

I go to bed early/late
suelo acostarme temprano/tarde

I slept like a log
dormí como un tronco

▶ *Ver también los capítulos:*

16 Food
La Comida

to eat	comer
to drink	beber, tomar
to taste	probar

meals las comidas

breakfast	desayuno
coffee break	descanso para el café
brunch	desayuno y almuerzo juntos, *RP* brunch
lunch	almuerzo
dinner	cena
supper	cena, cena ligera
picnic	picnic
snack	tentempié, botana

courses los platos

appetizer	aperitivo
starter	entrada
hors d'oeuvre	entremeses
soup	sopa
main course	plato principal
dessert	postre
cheese	queso

drinks las bebidas

water	agua
bottled water	agua mineral
carbonated bottled water	agua mineral con gas
milk	leche
(semi-)skim milk	leche (semi)desnatada
tea	té
tea with lemon	té con limón
tea with milk	té con leche
(black) coffee	café (negro)
coffee with milk/cream	café con leche
herb tea	infusión
hot chocolate	chocolate caliente
soft drink	bebida sin alcohol
orange juice	jugo de naranja
fresh orange juice	jugo de naranja natural

apple juice	jugo de manzana
Coke (R)	Coca-Cola (R)
lemonade	limonada
alcoholic drink	bebida alcohólica
cider	sidra
beer	cerveza
lager	cerveza rubia
malt whiskey	whisky de malta
blended whiskey	whisky (mezcla)
wine	vino
rosé	rosado
claret	burdeos, clarete
burgundy	borgoña
champagne	champán
aperitif	aperitivo
cocktail	cóctel
liqueur	licor
brandy	coñac
bourbon	bourbon
rum	ron

seasonings and herbs

los condimentos y las finas hierbas

salt	sal
pepper	pimienta
sugar	azúcar
mustard	mostaza
vinegar	vinagre
oil	aceite
garlic	ajo
onion	cebolla
spices	especias
herbs	finas hierbas
parsley	perejil
thyme	tomillo
basil	albahaca
tarragon	estragón
mint	menta
chives	cebollinos
cinnamon	canela
bay leaf	laurel
nutmeg	nuez moscada
clove	clavo de olor
ginger	jengibre
sauce	salsa
mayonnaise	mayonesa
French dressing	vinagreta

breakfast / el desayuno

bread	pan
whole-wheat bread	pan integral
French bread	barra (de pan)
bread and butter	pan con mantequilla
slice of bread and honey	rebanada de pan con miel
toast	tostada
croissant	croissant
butter	mantequilla
margarine	margarina
jam	mermelada, *RP* dulce
jelly	mermelada, *RP* dulce
marmalade	mermelada de naranja
honey	miel
cornflakes	copos de maíz

fruit / la fruta

piece of fruit	(una) fruta
apple	manzana
pear	pera
apricot	damasco, *Méx* chabacano
peach	durazno
plum	ciruela
nectarine	nectarina
melon	melón
pineapple	piña, *RP* ananá
banana	plátano
orange	naranja
grapefruit	toronja, pomelo
tangerine	mandarina
lemon	limón
strawberry	fresa, *Chile, RP* fresilla
raspberry	frambuesa
blackberry	mora
blueberry	arándano
redcurrant	grosella
cherry	cereza
bunch of grapes	racimo de uvas

vegetables / las verduras y hortalizas

vegetable	verdura
peas	arvejas, *Carib, Méx* chícharos
green beans	*Chile* porotos verdes, *Col* habichuelas, *Méx* ejotes, *RP* chauchas
leeks	puerros
potato	papa

sweet potato	batata, camote
mashed potatoes	puré de papas
baked potatoes	papas (con piel)
roast/boiled potatoes	papas asadas/hervidas
French fries	papas fritas
potato chips	papas fritas (de bolsa)
carrot	zanahoria
cabbage	col
cauliflower	coliflor
Brussels sprouts	coles de Bruselas
lettuce	lechuga
spinach	espinaca
turnip (greens)	nabo
mushroom	hongo
artichoke	alcachofa
asparagus	espárrago
(green) pepper	pimiento (verde)
eggplant	berenjena
broccoli	brócoli
squash/zucchini	calabacín
corn	maíz
corn on the cob	mazorca de maíz cocida
radish	rábano
tomato	tomate, *Méx* jitomate
(red) beet	remolacha, *Méx* betabel
cucumber	pepino
avocado	aguacate, *Andes, RP* palta
salad	ensalada
rice	arroz

meat   carne

pork	cerdo, chancho
veal	ternera
beef	vaca, *Méx* res
lamb	cordero
mutton	cordero (de más de un año)
chicken	pollo
turkey	pavo, *Méx* guajolote
duck	pato
poultry	ave
steak	filete
steak and French fries	filete con papas fritas
roast	asado
roast beef	rosbif
leg of lamb	pata de cordero
stew	estofado
mince	carne picada

hamburger	hamburguesa
kidneys	riñones
liver	hígado
ham	jamón
liver pâté	paté de hígado de cerdo
blood pudding/sausage	morcilla
sausages	salchichas
(garlic) sausage	salchicha al ajo
bacon	beicon

fish — el pescado

cod	bacalao
herring	arenque
sardines	sardinas
sole	lenguado
tuna fish	atún
trout	trucha
mackerel	caballa
(smoked) salmon/lox	salmón (ahumado)
whiting	pescadilla
seafood	mariscos
lobster	langosta
oysters	ostras
shrimp	gambas
prawns	gambas
mussels	mejillones
crab	cangrejo
crawfish	cangrejo, langosta
scallops	vieiras

eggs — huevos

egg	huevo
boiled egg	huevo tibio
frled egg	huevo frito
egg sunny side up	huevo frito sólo por debajo de la yema
poached egg	huevo escalfado
bacon and eggs	huevos con beicon
ham and eggs	huevos con jamón
scrambled eggs	huevos revueltos
omelette	tortilla, omelette

pasta — las pastas

noodles	tallarines
spaghetti	espagueti
macaroni	macarrones

hot dishes
platos calientes

soup — sopa
roast lamb with mint sauce — cordero asado a la salsa de menta
roast pork with apple sauce — cerdo asado con salsa de manzana
beef casserole — estofado
cauliflower au gratin — coliflor con salsa de queso

cooked — hecho
overdone — pasado
well done — muy hecho
medium — a punto
rare — poco hecho
breaded — empanado
stuffed — relleno
fried — frito
boiled — hervido
broiled — a la parrilla
roast — asado

desserts
los postres

apple tart — tarta de manzana
whipped cream — crema batida
cheesecake — tarta de queso
ice cream — helado
vanilla ice cream — helado de vainilla
yoghurt — yogur
chocolate mousse — mousse de chocolate

sweet things
dulces

chocolate — chocolate
milk chocolate — chocolate con leche
plain chocolate — chocolate (puro)
bar of chocolate — barra de chocolate
cookies — galletas
shortbread — torta dulce seca y quebradiza
cake — pastel
popsicle — polo
candy — bombones
mints — bombones de menta
chewing gum — goma de mascar, chicle
bubble gum — goma de mascar, chicle

tastes

los sabores

sweet	dulce
salty	salado
savory	salado
bitter	amargo
sour	agrio
spicy	condimentado
strong	fuerte
hot	picante
tasteless	soso, insípido

tobacco

el tabaco

to smoke	fumar
to light	encender
to put out	apagar
to stub out	apagar
cigarette	cigarrillo
cigar	puro
filter cigarette	cigarrillo con filtro
stub/butt	colilla
pipe	pipa
match	fósforo, cerillo
lighter	encendedor
pack of cigarettes	paquete de cigarrillos
pack of tobacco	paquete de tabaco
pipe tobacco	tabaco para pipa
box of matches	caja de fósforos
ash	ceniza
ashtray	cenicero
smoke	humo

Take Note!

do you have a light?
¿tiene fuego?

▶ *Ver también los capítulos:*

17 Housework
Las Tareas Domésticas

chores	tareas domésticas
to do the housework	ocuparse de las tareas domésticas
to cook	cocinar
to prepare a meal	preparar una comida
to do the/wash dishes	lavar los platos
to wash clothes	lavar la ropa
to clean	limpiar
to sweep	barrer
to dust	quitar el polvo
to vacuum	pasar la aspiradora
to wash	lavar
to rinse	aclarar
to dry	secar
to throw away/out	tirar a la basura
to tidy up (one's room)	ordenar (la habitación)
to put away (one's things)	guardar (sus cosas)
to make the beds	hacer las camas
to prepare	preparar
to cut	cortar
to slice	cortar en rodajas
to grate	rallar
to peel	pelar
to be boiling	estar hirviendo
to boil	hervir
to fry	freír
to roast	asar
to broil	asar en la parrilla
to toast	tostar
to set the table	poner la mesa
to clear the table	quitar la mesa
to iron	planchar
to darn	zurcir
to mend	reparar, remendar
to use	usar
to look after	ocuparse de
to help	ayudar
to lend a hand	echar una mano

people who work in the house

los que trabajan en la casa

housewife	ama de casa
cleaner	mujer de la limpieza
home helper	asistenta
maid	doncella
au pair girl	chica au pair
baby sitter	niñera, babysitter

electrical appliances

los electrodomésticos

vacuum cleaner	aspiradora
washing machine	lavadora
(spin) dryer	secadora (centrífuga)
(tumble) dryer	secadora (aire)
iron	plancha
sewing machine	máquina de coser
mixer	batidora
blender	licuadora
food processor	procesadora
coffee grinder	molinillo de café
microwave (oven)	horno de microondas
refrigerator	refrigerador, *RP* heladera
freezer	congelador
dishwasher	lavavajillas
stove	cocina
oven	horno
gas	gas
electricity	electricidad
toaster	tostador
electric kettle	calentador eléctrico de agua
coffee-maker	cafetera eléctrica
toaster	tostadora
waffle iron	waflera
electric can opener	abrelatas eléctrico

household items

utensilios

ironing board	tabla de planchar
broom	escoba
dustpan and brush	recogedor y escoba
brush	cepillo
rag	trapo
cloth	trapo
dish towel	bayeta
dish rack/drainer	escurridor

bowl	bol, tazón
tea cozy	cubre tetera
duster	trapo del polvo
oven glove	agarradera
clothes horse	secador, tendedero
(dishwasher) detergent	detergente (vajilla)
(laundry) detergent	detergente (ropa)
saucepan	cacerola
frying pan/skillet	sartén
casserole dish	cazuela
pressure cooker	olla a presión
rolling pin	rodillo
chopping/cutting board	tabla
can opener	abrelatas
bottle opener	abrebotellas
corkscrew	sacacorchos
whisk	batidora

cutlery — los cubiertos

spoon	cuchara
teaspoon	cucharilla
dessertspoon	cucharilla de postre
soupspoon	cucharón
tablespoon	cuchara de sopa
fork	tenedor
knife	cuchillo
kitchen knife	cuchillo de cocina
bread knife	cuchillo para pan
butter knife	cuchillo de mantequilla
potato peeler	pelapapas

dishes — la vajilla

dishes	vajilla
place mat	mantel individual
plate	plato (grande)
saucer	plato (pequeño)
cup	taza
glass	vaso
wine glass	copa
soup plate	plato hondo
dish	plato
butter dish	mantequera
soup tureen	sopera
bowl	bol, tazón
saltshaker	salero
pepper pot	pimentero

sugar bowl	azucarera
teapot	tetera
coffeepot	cafetera
milk pitcher	jarra de leche

Take Note!

my father does the dishes
mi padre lava los platos

my parents share the housework
mis padres comparten las tareas domésticas

▶ *Ver también los capítulos:*

16 La Comida
24 La Casa

18 Shopping
De Compras

to buy	comprar
to cost	costar
to spend	gastar
to exchange	cambiar (dinero)
to pay	pagar
to give change	dar cambio, dar sencillo (dinero)
to sell	vender
to sell at a reduced price	vender (saldos)
to go shopping	ir de compras
to do the shopping	hacer la compra
cheap	barato
expensive	caro
free	gratis
reduced	rebajado
on special offer	oferta especial
second-hand	de segunda mano
customer	cliente
clerk	vendedor

shops   tiendas

baker's	panadería
bookstore	librería
butcher's	carnicería
cake shop	pastelería
candy store	confitería
dairy	venta de productos lácteos
delicatessen/deli	alimentos importados
department store	grandes almacenes
drugstore	farmacia
dry cleaner's	tintorería
grocery store	ultramarinos, almacén, *Méx* (tienda de) abarrotes
hardware store	ferretería
indoor market	mercado
jeweler's	joyería
launderette/laundromat	lavandería (automática)
laundry	lavandería
leather goods store	marroquinería
liquor store	licorería
mall	centro comercial
market	mercado

newsdealer	prensa y tabaco
newsstand	puesto de periódicos
record store	tienda de discos
shoe repairer's	zapatero
shoe store	zapatería
shop	tienda
shopping center	centro comercial
souvenir shop	tienda de souvenirs
sporting goods store	tienda de deportes
stationery shop	papelería
store	tienda
. . . store	tienda de . . .
supermarket	supermercado
tobacco shop	prensa y tabaco
travel agent's	agencia de viajes
florist's	floristería
hairdresser's	peluquería
optician's	óptica
photographer's	fotografía
bag	bolsa
plastic bag	bolsa de plástico
shopping bag	bolsa de la compra
shopping basket	cesta de la compra
(supermarket) cart	carrito (de supermercado)
instructions for use	instrucciones de uso
price	precio
cash register	caja
checkout	caja (mostrador)
change	cambio, vuelto
check	cheque
credit card	tarjeta de crédito
receipt	recibo
sales	saldos, rebajas
counter	mostrador
department	departamento
fitting room	probador
escalator	escalera mecánica
second floor	primera planta
elevator	ascensor
store window	vidriera, vitrina
size	talla, número

TakeNote!

I'm going to the grocery store
voy a la tienda de ultramarinos/al almacén

can I help you?
¿en qué puedo servirle?

I would like (I'd like) two pounds of apples please
un kilo de manzanas, por favor

do you have any bananas?
¿tiene ud. bananas?

anything else?
¿algo más?

that's all, thank you
nada más, gracias

how much is this?
¿cuánto cuesta?

that comes to 20 dollars
son 20 dólares en total

can I pay by check?
¿puedo pagar con un cheque?

do you take credit cards?
¿acepta tarjetas de crédito?

where is the shoe department?
¿dónde se encuentra la sección de calzado?

I love window-shopping
me encanta salir a mirar escaparates

19 Sport
El Deporte

to train	entrenar
to dive	zambullirse, bucear
to jump	saltar
to play	jugar
to run	correr
to throw	lanzar
to serve	servir
to shoot	disparar
to ski	esquiar
to skate	patinar
to swim	nadar
to gallop	galopar
to trot	trotar
to go horse riding	montar a caballo
to play football/volleyball	jugar al fútbol/voleibol
to go hunting	ir de caza
to go fishing	ir de pesca
to go skiing	esquiar
to score a goal	marcar un gol
to be in the lead	estar en el primer puesto
to beat a record	batir un récord
to win	ganar
to lose	perder
to beat	derrotar
professional	profesional
amateur	no profesional/aficionado

types of sport — los deportes

aerobics	aerobic
backstroke	(natación) estilo espalda
badminton	badminton
baseball	béisbol
basketball	básquetbol
bowling	bolos
boxing	boxeo, *CAm, Méx* box
breaststroke	(natación) estilo pecho
butterflystroke	(natación) estilo mariposa
canoeing	piragüismo
crawl	(natación) estilo crol
cross-country skiing	esquí de fondo
cycling	ciclismo

diving	bucear
fencing	esgrima
fishing	pesca deportiva
football	fútbol americano
gliding	planeo
golf	golf
gymnastics	gimnasia
handball	pelota, frontón
hang-gliding	ala delta
high jump	salto de altura, salto alto
hiking	senderismo
(field) hockey	hockey
horse racing	carreras de caballos
horse(back) riding	equitación
hunting	caza deportiva
(ice) hockey	hockey sobre hielo
ice-skating	patinaje
jogging	footing
judo	judo
karate	karate
lacrosse	lacrosse
long jump	salto de longitud
mountaineering	montañismo, andinismo
parachuting	paracaidismo
physical training	culturismo
potholing	espeleología
rock-climbing	escalada
rodeo	rodeo
roller-skating	patinaje (sobre ruedas)
rowing	remo
rugby	rugby
running	carrera
sailing	navegación
shooting	tiro
skiing	esquí
soccer	fútbol
squash	squash
surfing/surfboarding	surf
swimming	natación
table tennis/ping-pong	tenis de mesa
tennis	tenis
track and field	atletismo
volleyball	voleibol
walking	marcha
water-skiing	esquí acuático
weight-lifting	halterofilia
windsurfing	windsurf
winter sports	deportes de invierno
wrestling	lucha libre

equipment

equipo

ball	balón, pclota
bat	bate
bicycle	bicicleta
boxing gloves	guantes de boxeo
canoe	canoa
fishing rod	caña de pescar
golf club	palo de golf
(ice) hockey stick	stick
net	red
parallel bars	paralelas
saddle	montura
sailboard	tabla de windsurf
sailboat	velero
skis	esquís
stopwatch	cronómetro
surfboard	tabla de surf
tennis racket	raqueta de tenis

places

lugares

changing rooms	vestuarios
diving board	trampolín
golf course	campo de golf
ice-rink	pista de patinaje
field	campo/cancha de juego
grounds	campo/cancha de juego
showers	duchas
(ski) slope	pista de esquí
sports center	centro deportivo
stadium	estadio
swimming pool	piscina, *Méx* alberca, *RP* pileta
tennis court	pista/cancha de tenis
track	pista

competing

la competición

training	entrenamiento
team	equipo
winning team	equipo ganador
champion	campeón
race	carrera
stage	etapa
time-trial	carrera contra reloj
sprint	sprint
half-time	intermedio, medio tiempo
goal	gol

touchdown	touchdown, ensayo
run	carrera
score	tanteo
tie	empate
extra time	prórroga
(sudden-death) playoff	partido de desempate
game	partido
marathon	maratón
sporting event	competencia
championship	campeonato
tournament	torneo
rally	rally
event	prueba
heat	prueba eliminatoria
final	final
record	récord
world record	récord mundial
world champion	campeón mundial
world cup	mundial, copa del mundo
Olympic Games	Juegos Olímpicos
World Series	Serie Mundial
medal	medalla
cup	copa
trophy	trofeo

participants   participantes

a . . . player	un jugador de . . .
athlete	atleta
baseball player	pelotero, jugador de béisbol
basketball player	basquetbolista
boxer	boxeador
diver	saltador
football player	futbolista, jugador de fútbol
goalkeeper	arquero, *RP* golero
mountaineer	montañero, andinista
racing cyclist	corredor (ciclista)
runner	corredor
skater	patinador
skier	esquiador
soccer player	futbolista, jugador de fútbol
sportsman	deportista (hombre)
sportswoman	deportista (mujer)
tennis player	tenista, jugador de tenis
referee	árbitro
umpire	árbitro
coach	entrenador

manager	entrenador
champion	campeón
runner-up	segundo
ski instructor	monitor de esquí
swimming instructor	monitor de natación
fan	hincha
winner	ganador, vencedor

Take Note!

he does a lot of sports
hace mucho deporte

she's a black-belt in judo
es cinturón negro de judo

the two teams tied
los dos equipos empataron

they had to go into extra time
tuvieron que pasar a la prórroga

the runner crossed the finishing line
el corredor cruzó la línea de llegada

we put on a spurt
hicimos un esfuerzo supremo

on your mark, get set, go!
preparados— listos— ¡ya!

▶ *Ver también el capítulo:*
2   La Ropa y la Moda

20 Leisure and Hobbies
Tiempo Libre y Aficiones

to be interested in	interesarse por
to enjoy oneself	divertirse
to be bored	aburrirse
to have the time to	tener tiempo para
to read	leer
to draw	dibujar
to paint	pintar
to build	construir
to take photographs	sacar fotos
to collect	coleccionar
to cook	cocinar
to do gardening	ocuparse del jardín
to sew	coser
to knit	hacer punto
to dance	bailar
to sing	cantar
to play	tocar (instrumento musical)
to take part in	participar en
to win	ganar
to lose	perder
to beat	derrotar
to cheat	hacer trampa
to bet	apostar
to gamble	apostar, arriesgar
to go for walks	dar paseos
to go for a bike ride	dar un paseo en bicicleta
to go biking	andar en bicicleta
to go for a drive in the car	dar una vuelta en auto
to go fishing	ir de pesca
interesting	interesante
fascinating	fascinante
very enthusiastic about	apasionado por
boring	aburrido
hobbies	aficiones
pastime	pasatiempo
spare time	tiempo libre
reading	lectura
book	libro

comic strip	chistes
comic book	tebeo, cómic
magazine	revista
poetry	poesía
poem	poema
drawing	dibujo
painting	pintura
brush	pincel
sculpture	escultura
pottery	cerámica
do-it-yourself	bricolaje
model-making	modelismo
hammer	martillo
screwdriver	desatornillador
nail	clavo
screw	tornillo
drill	taladro
saw	sierra
file	lima
glue	cola
paint	pintura
photography	fotografía
photograph	foto
camera	cámara
movie/film	película
movie theater	cine
cine-camera	cámara de cine
video	video
computing	informática
computer	computadora, computador
computer games	juegos de computadora
stamp collecting	filatelia
stamp	estampilla, *CAm, Méx* timbre
album	álbum
collection	colección
cooking	cocina
recipe	receta (de cocina)
gardening	jardinería
watering-can	regadera
spade	pala
rake	rastrillo
hoe	azada
dressmaking	costura
sewing machine	máquina de coser
needle	aguja
thread	hilo

thimble	dedal
pattern	patrón
knitting	tejido
knitting needle	aguja (de tejer)
ball of wool	ovillo
embroidery	bordado
dancing	baile
ballet	ballet
music	música
singing	canto
song	canción
choir	coro
piano	piano
violin	violín
cello	violoncelo
clarinet	clarinete
flute	flauta
recorder	flauta dulce
guitar	guitarra
drum	tambor
drums	batería
game	juego
toy	juguete
board game	juego de mesa
chess	ajedrez
checkers	damas
jigsaw puzzle	puzzle, rompecabezas
cards	cartas
dice	dados
bet	apuesta
walk	paseo
drive	paseo en auto
outing	excursión
biking	ciclismo
bicycle	bicicleta
birdwatching	ornitología
fishing	pesca

Take Note!

I like reading/knitting
me gusta leer/tejer

Helen is a big fan of the movies
Helen es una fanática del cine

I do pottery/sculpture/tapestry
hago cerámicas/esculturas/tapices

I take ballet lessons
tomo clases de ballet

I play the piano
toco el piano

whose turn is it?
¿a quién le toca (jugar)?

it's your turn
le toca (jugar) a usted

▶ *Ver también los capítulos:*

21 The Media
Los Medios de Comunicación

to listen to	escuchar
to watch	mirar
to read	leer
to switch on	encender
to switch off	apagar
to switch over	cambiar de emisora/canal

radio   la radio

radio (set)	radio
transistor	transistor, radio a transistores
Walkman (R)	walkman (R)
personal stereo	walkman (R)
(radio) broadcast/program	programa de radio
news bulletin	boletín informativo
news	noticias
interview	entrevista
charts	lista de éxitos
a single	un sencillo
a CD	un compact disc
an LP	un elepé
commercial	anuncio
listener	oyente
reception	recepción
interference	interferencia

television   la televisión

TV	tele(visión)
television set	televisor
color television	televisor en color
black and white television	televisor en blanco y negro
screen	pantalla
antenna/aerial	antena
channel	canal
program	programa
news	noticias
television news	noticiero
movie/film	película
documentary	documental
series	serie
soap opera	telenovela

| situation comedy (sitcom) | telecomedia (de situación) |
| commercial | anuncio |

anchorman/woman	presentador/a
announcer	locutor
host	presentador
viewer	espectador
cable TV	TV por cable
video (recorder)	video

press — la prensa

newspaper	periódico
morning/evening paper	periódico de la mañana/tarde
weekly	semanario
magazine	revista
sensational press	prensa amarilla
journalist	periodista
reporter	reportero
editor in chief	redactor jefe
press report	informe
article	artículo
headlines	titulares
(regular) column	rúbrica
sports column	sección de deportes
advice column	consultorio sentimental
gossip column	ecos de sociedad
advertisement	anuncio
advertising	publicidad
classified ads	anuncios clasificados
press conference	conferencia de prensa
news agency	agencia de noticias
circulation	tirada

Take Note!

on short/medium/long wave
en onda corta/media/larga

on the radio/air
en el aire

what's on television tonight?
¿qué hay en la tele esta noche?

live from Yankee Stadium
en vivo desde el Yankee Stadium

22 Evenings Out
Vida Nocturna

to go out	salir
to dance	bailar
to go dancing	ir a bailar
to invite	invitar
to give	dar
to bring	traer
to book	reservar
to reserve	reservar
to applaud	aplaudir
to accompany	acompañar
to kiss	besar
to go/come home	ir/volver a casa
together	juntos
alone	solo

shows   espectáculos

theater	teatro
costume	vestuario
stage	escenario
set	decorados
wings	bastidores
curtain	telón
checkroom	guardarropa
orchestra	orquesta
dress circle	principal
box	palco
gods	galería, gallinero
intermission	entreacto
program	programa
play	obra
comedy	comedia
tragedy	tragedia
opera	ópera
ballet	ballet
concert of classical music	concierto de música clásica
rock concert	concierto de rock
show	espectáculo
circus	circo
fireworks	fuegos artificiales
audience	público
actor/actress	actor/actriz

dancer	bailarín
singer	cantante
conductor	director de orquesta
musician	músico
magician	mago
clown	payaso

the movies / el cine

film/movie	película
movie theater	cine
ticket window	taquilla, boletería
showing	pase
ticket	entrada, boleto
screen	pantalla
projector	proyector
cartoon	dibujos animados
documentary	documental
horror film/movie	película de terror
science-fiction film/movie	película de ciencia ficción
western	película del oeste
film/movie with subtitles	v. o. subtitulada
subtitles	subtítulos
dubbing	doblaje
black and white film/movie	película en blanco y negro
director	director
producer	productor
filmmaker	realizador
(movie) star	estrella

discos and dances / discotecas y bailes

dance	baile
dance hall	salón de baile
disco(theque)	discoteca
nightclub	cabaret
bar	bar
record	disco
dance floor	pista de baile
rock-and-roll	rock-and-roll
pop group	grupo pop
folk (music)	música folk
DJ	disc-jockey
singer	cantante
bouncer	portero

eating out / en el restaurante

restaurant	restaurante

cafe	café
bar	bar
pizzeria	pizzería
diner	restaurante barato
fast food	bar de comidas rápidas
waiter	camarero, mesero, *RP* mozo
waitress	camarera, mesera, *RP* moza
head waiter	maître
menu	carta
special for the day	plato del día
wine list	carta de vinos
check	cuenta
tip	propina
Cajun restaurant	restaurante cajún
Chinese restaurant	restaurante chino
French restaurant	restaurante francés
Italian restaurant	restaurante italiano
Indian restaurant	restaurante indio

entertain

recibir invitados

guests	invitados
host	anfitrión
hostess	anfitriona
present	regalo
drink	bebida
cocktail	cóctel
chips	papas fritas
peanuts	maníes, *CAm, Méx* cacahuates
party	fiesta
celebration	celebración
birthday	cumpleaños
birthday cake	pastel de cumpleaños
candles	velas

Take Note!

encore!
¡otra!

will you dance with me?
¿le apetece bailar?

service included
servicio incluido

▶ *Ver también el capítulo:*
16 La Comida

23 My Room
Mi Habitación

floor	piso
(fitted) carpet	alfombra
ceiling	techo, cielorraso
door	puerta
window	ventana
curtains	cortinas
shutters	postigos
blinds	persianas
wallpaper	papel pintado

furniture
los muebles

bed	cama
bedspread	cubrecama
bedside table	mesilla de noche
chest of drawers	cómoda
dressing table	tocador
wardrobe	ropero
cupboard	armario
desk	escritorio
chair	silla
stool	taburete
armchair	sillón
shelves	estantes
bookcase	librería

objects
los objetos

lamp	lámpara
bedside lamp	lámpara de noche
lampshade	pantalla
alarm clock	despertador
radio alarm	radio reloj
rug	alfombra
poster	póster, afiche
picture	cuadro
photograph	fotografía
mirror	espejo
book	libro
magazine	revista
comic	tebeo, cómic
diary	diario

game	juego
toy	juguete

TakeNote!

come in
pase/adelante

▶ *Ver también los capítulos:*

24 The House
La Casa

to live	vivir
to move (house)	mudarse
to move in/into	mudarse a
rent	alquiler, renta
mortgage	hipoteca
move	mudanza
tenant	inquilino
renter	popietario (que alquila)
owner	propietario
caretaker	conserje
moving man	mozo de mudanzas
house	casa
duplex house	chalé semiadosado
row house	chalé adosado
apartment	apartamento
boarding house	pensión
apartment building/house	bloque de apartamentos
studio apartment	estudio
furnished apartment	apartamento amueblado

parts of the house   partes de la casa

basement	sótano
first floor	planta principal
second floor	primera planta
cellar	bodega
room	habitación
attic	desván, ático
floor/story	planta
landing	rellano
stairs	escaleras
step	escalón
banister	pasamanos
elevator	ascensor
wall	muro, parcd
roof	tejado
roof tile	tcja
slate	pizarra
chimney	chimenea

fireplace	hogar (de la chimenea)
door	puerta
front door	puerta de entrada
window	ventana
bay window	mirador
French window	puerta ventana
balcony	balcón
front yard	jardín delantero
back yard	jardín trasero
garden	jardín
vegetable garden	huerta
patio	patio
garage	garaje
upstairs	arriba
downstairs	abajo

the rooms — las habitaciones

entrance (hall)	vestíbulo, entrada
hall	pasillo
kitchen	cocina
dining room	comedor
living room	sala de estar
family room	sala de estar
sitting room	salón
lounge	salón
den	despacho
library	biblioteca
bedroom	dormitorio
bathroom	cuarto de baño
utility room	habitación de servicio
porch	porche
sun porch	porche al sol
veranda	veranda, galería, terraza

furniture — los muebles

chair	silla
armchair	sillón
easy chair	butaca, sillón
rocking chair	mecedora
reclining chair/recliner	silla reclinable
sofa/couch	sofá
table	mesa
coffee table	mesa baja, *RP* mesa ratona
cupboard	armario
dresser	cómoda con espejo

bookcase	librería
sideboard	aparador
cart	mesilla de ruedas
desk	escritorio
shelves	estanterías
grandfather clock	reloj de péndulo
piano	piano
bed	cama
wardrobe	armario ropero
shower	ducha, regadera
bath/tub	bañera, tina, bañadera
basin	lavabo
bathroom cabinet	armario del baño

objects and fittings   objetos y accesorios

antenna	antena
ashtray	cenicero
bathmat	felpudo de baño
bathroom mirror	espejo de baño
bathroom scales	báscula de baño
bolt	cerrojo
bowl	tazón, cuenco
candle	vela
candlestick	candelabro
(fitted) carpet	alfombra
central heating	calefacción central
coat rack	perchero
cushion	cojín
doorbell	timbre
doorknob	pomo
doormat	felpudo de entrada
faucet	llave, *RP* canilla
floor lamp	lámpara de pie
frame	marco
key	llave
keyhole	cerradura
ladder	escalera (de mano)
lamp	lámpara
magazine rack	revistero
mailbox	buzón
mirror	espejo
ornament	adorno
photograph	fotografía
picture	cuadro
poster	póstcr, afiche
radiator	radiador
reproduction	reproducción

rug	alfombra
sink	fregadero
tile	azulejo
umbrella stand	paragüero
vase	jarrón
wallpaper	papel pintado
wastebasket/wastepaper basket	papelera
transistor	transistor
radio	radio
portable television set	televisor portátil
stereo	cadena estéreo
tape recorder	magnetófono
cassette recorder	grabador de cassette
radio cassette player	radiocassette (reproductor)
record	disco
cassette	cassette
compact disc	disco compacto
typewriter	máquina de escribir
computer	ordenador
video (recorder)/VCR	video(grabador)
video cassette	video cassette
video (film)	cinta de video
word processor	procesador de textos

the garden

el jardín

lawn	césped, pasto
grass	hierba
weeds	malas hierbas
flowerbed	parterre
greenhouse	invernadero
garden furniture	muebles de jardín
deck chair	tumbona
hammock	hamaca
wheelbarrow	carretilla
lawnmower	cortadora de césped
watering can	regadera
hose	manguera
barbecue	barbacoa
garden shed	cobertizo
path	sendero
gate	verja

▶ *Ver también el capítulo:*

   17 Las Tareas Domésticas
   23 Mi Habitación

25 The City
La Ciudad

town	pueblo, ciudad
city	ciudad
village	pueblo
suburbs	zona residencial en la periferia
outskirts	las afueras, cercanías
district	barrio
surroundings	alrededores
area	área
built-up area	área urbana
industrial park	zona industrial
residential area	barrio residencial
old town	casco antiguo
town/city center	centro de la ciudad
university dormitories	residencia universitaria
housing development	ciudad obrera
slums	barrios pobres, barriadas
avenue	avenida
boulevard	bulevar, ronda
dead-end street	calle sin salida
beltway	carretera de circunvalación
square	plaza
levee	terraplén
quay	muelle
road	calle, carrctcra
street	calle
shopping street	calle comercial
pedestrian area	área peatonal
narrow street	calle estrecha
alleyway	callejuela, pasaje
roadway	calzada
sidewalk	acera, *CAm, Méx* banqueta, *Chile, RP* vereda
parking lot	estacionamiento
parking meter	parquímetro
underground parking lot	estacionamiento subterráneo
paving	pavimento
gutter	alcantarilla
sewers	cloacas
park	parque
public gardens	jardines
cemetery	cementerio

bridge	puente
harbor	puerto
airport	aeropuerto
train station	estación de ferrocarril
stadium	estadio

buildings / edificios

building	edificio
apartment building/house	bloque
public building	edificio público
town hall	ayuntamiento
city hall	ayuntamiento
tourist information office	oficina de información turística
post office	correo
library	biblioteca
police station	comisaría
school	escuela
barracks	cuartel
fire station	estación de bomberos
prison	prisión
factory	fábrica
community center	centro social
arts center	centro cultural
theater	teatro
movie theater	cine
opera (house)	ópera
museum	museo
art gallery	galería de arte
tower	torre
water tower	depósito de agua
cathedral	catedral
church	iglesia
chapel	capilla
steeple	campanario
synagogue	sinagoga
mosque	mezquita
memorial	monumento conmemorativo
monument	monumento
war memorial	monumento a los caídos
statue	estatua
fountain	fuente

people / la gente

city dwellers	gente de ciudad
inhabitant	habitante
passer-by	transeúnte

onlookers	curiosos
tourist	turista
tramp	mendigo
street person	indigente

Take Note!

Greater New York
el «gran» Nueva York (área urbana)

she lives in town
vive en la ciudad

we're going (in)to town
vamos a la ciudad

he commutes from Bridgeport to New York
vive en Bridgeport y trabaja en Nueva York

▶ *Ver también los capítulos:*

26 Car
El Coche

to drive	manejar
to start up	arrancar
to slow down	aminorar la marcha
to brake	frenar
to accelerate	acelerar
to change gear	cambiar de marcha
to stop	detenerse
to park	estacionar
to pass	pasar, adelantar
to do a U-turn	cambiar de sentido
to switch on one's headlights	encender los faros
to switch off one's headlights	apagar los faros
to flash one's headlights	hacer señas con los faros
to cross	cruzar
to go through	atravesar
to check	verificar, comprobar
to yield	ceder el paso
to have the right of way	tener prioridad
to honk	tocar el claxon
to skid	derrapar
to break down	tener una avería
to run out of gas(oline)	quedarse sin gasolina
to fill up	llenar el depósito
to change a wheel	cambiar una rueda
to tow	remolcar
to repair	reparar
to commit a traffic violation	cometer una infracción
to keep to the speed limit	respetar el límite de velocidad
to break the speed limit	superar el límite de velocidad
to jump a red light	saltarse un semáforo
to ignore a stop sign	saltarse un stop

vehicles
vehículos

car	coche, carro, *RP* auto
automatic	coche automático
second-hand car	coche de segunda mano
clunker	chatarra
two/four-door car/hatchback	coche de dos/cuatro/cinco puertas
station wagon	furgoneta
saloon	turismo
racing car	coche de carreras

sports car	coche deportivo
car with front-wheel drive	coche con tracción delantera
car with four-wheel drive	coche con tracción a las cuatro ruedas
convertible	descapotable, convertible
make	marca
model	modelo
taxi	taxi
truck	camión
trailer truck	camión con remolque
delivery truck	camioneta
tow truck	camión grúa
motorcycle	motocicleta
moped	ciclomotor
(motor) scooter	escúter, vespino (R)
Dormobile (R)	coche caravana
trailer	caravana
trailer	remolque
RV	casa caravana

road users   los usuarios de la carretera

driver	conductor
reckless driver	conductor imprudente
Sunday driver	dominguero
passenger	pasajero
taxi driver	taxista
truck driver	camionero
motorcyclist	motociclista
cyclist	ciclista
hitch-hiker	autoestopista
pedestrian	peatón

car parts   partes del automóvil

accelerator	acelerador
air-conditioning	aire acondicionado
battery	batería
blinker	intermitente
body	carrocería
brakes	frenos
bumper	parachoques
car radio	radio
carburetor	carburador
chassis	chasis
choke	estárter
clutch	embrague

cruise control	control automático de velocidad
dashboard	tablero
door	puerta
engine	motor
exhaust	tubo de escape, *RP* caño de escape
fanbelt	correa del ventilador
fender	guardabarros
fifth gear	quinta velocidad
first gear	primera velocidad
fog light	faro antiniebla
fourth gear	cuarta velocidad
front/back seat	asiento delantero/trasero
gas cap	tapón del depósito
gas tank	depósito de gasolina
gearbox	caja de cambios
gears	marchas
gearshift	palanca de cambio
handbrake	freno de mano
heating	calefacción
hood	capó
horn	claxon
hubcap	tapacubos
ignition	encendido
jack	gato
license plate	placa
lights	faros
lock	cerradura
(rear-view) mirror	espejo (retrovisor)
neutral	punto muerto
oil/gas(oline) gauge	indicador de nivel de aceite/gasolina
overdrive	quinta velocidad
pedal	pedal
radiator	radiador
rear lights	pilotos traseros
reverse	marcha atrás
roof rack	baca, parrilla
seat belt	cinturón de seguridad
second gear	segunda velocidad
spare part	recambio
spare tire	rueda de repuesto, *Méx* llanta de refacción
sparking plug	bujía
speedometer	velocímetro
steering wheel	volante
suspension	suspensión
third gear	tercera velocidad
transmission	transmisión
tire	neumático

trunk	maletero, *CAm, Méx* cajuela, *RP* baúl
wheel	rueda
window	ventanilla
windshield	parabrisas
windshield wiper	limpiaparabrisas
gas(oline)	gasolina, *RP* nafta
unleaded gas(oline)	gasolina sin plomo
fuel	combustible
diesel	diesel
oil	aceite
antifreeze	anticongelante
exhaust (fumes)	gases del escape

problems / problemas

garage	taller mecánico
car mechanic	mecánico
repairs	reparaciones
gas station	gasolinera, estación de servicio
gas pump	surtidor
insurance	seguro
insurance policy	póliza de seguro
driver's license	permiso de conducir
car registration	permiso de circulación
speed	velocidad
speeding	exceso de velocidad
offense	infracción
parking ticket	multa por estacionamiento incorrecto
fine	multa
right of way	prioridad
no parking (sign)	(señal de) prohibido estacionar
flat tire	pinchazo
breakdown	avería
traffic jam	atasco
gridlock	embotellamiento
diversion	desvío
road repairs	obras
visibility	visibilidad

driving along / la circulación

traffic	tráfico, tránsito
road map	mapa de carreteras
road	carretera
main road	carretera nacional
secondary road	carretera provincial
freeway	autovía

interstate (highway)	autopista interestatal
bypass	carretera de circunvalación
one-way street	calle de dirección única
lane	carril
road sign	señal de tráfico
stop sign	stop
stop lights	semáforo
sidewalk	acera, *CAm, Méx* banqueta, *Chile, RP* vereda
pedestrian crossing	paso de cebra
bend	curva
median (strip)	carril central, mediana
crossroads	cruce
intersection	cruce, acceso
traffic circle	rotonda
toll	peaje
service area	área de servicios
railroad crossing	paso a nivel
parking meter	parquímetro

Take Note!

what make is it? – it's a Ford
¿de qué marca es? – es un Ford

fill her up, please
lleno, por favor

could you check the tire pressure/oil level?
¿podría revisar la presión de los neumáticos/el nivel de aceite?

get into third gear!
¡mete la tercera!

he dipped his headlights
bajó las luces

she was doing 70 miles an hour
iba a 110 (kilómetros por hora)

in England, they drive on the left
en Inglaterra se conduce por la izquierda

this car does . . . miles to the gallon
este coche hace . . . kilómetros por litro

fasten your seat belt!
¡ponte el cinturón de seguridad!

he lost his driver's license
le retiraron el permiso de conducir

I took my driving test on Monday – did you pass?
me examiné para el carné el lunes – ¿has pasado?

you've gone the wrong way
te has equivocado de camino

▶ *Ver también el capítulo:*
51 Accidentes

27 Nature
La Naturaleza

to grow	crecer
to flower	florecer
to wither away	marchitarse
to bark	ladrar
to bleat	balar
to mew	maullar
to moo	mugir
to neigh	relinchar

landscape — el paisaje

field	campo
prairie	pradera
meadow	prado
forest	bosque
wood	bosque
clearing	claro
orchard	huerto
marsh	pantano, ciénaga
desert	desierto
jungle	selva, jungla
swamp	pantano

plants — las plantas

tree	árbol
shrub	arbusto, maleza
bush	arbusto
root	raíz
trunk	tronco
branch	rama
twig	ramita
shoot	brote
bud	brote, capullo
flower	flor
blossom	capullo
leaf	hoja
foliage	follaje
bark	corteza
treetop	copa del árbol
pine cone	piña
pine needles	agujas

horse chestnut	castaña
acorn	bellota
berry	baya
clover	trébol
(edible) mushroom	hongo (comestible)
toadstool	hongo venenoso
fern	helecho
grass	hierba
holly	acebo
ivy	hiedra
mistletoe	muérdago
moss	musgo
reed	junco, caña
seaweed	alga
Spanish moss	musco negro
vine	vid
vineyard	viñedo
weeds	malas hierbas

trees   los árboles

conifer	conífera
deciduous tree	árbol de hojas caducas
evergreen	árbol de hojas perennes
ash tree	fresno
beech	haya
birch	abedul
cedar	cedro
chestnut tree	castaño
cypress	ciprés
dogwood	cornejo
elm	olmo
fir tree	abeto
horse chestnut tree	castaño
magnolia	magnolia
maple tree	arce
oak	roble
pecan tree	pacana
pine tree	pino
poplar	álamo
redwood	secoya
sycamore	plátano
walnut tree	nogal
weeping willow	sauce llorón
yew tree	tejo

fruit trees

los árboles frutales

almond tree	almendro
apple tree	manzano
apricot tree	albaricoquero, damasco, *Méx* chabacano
cherry tree	cerezo
fig tree	higuera
lemon tree	limonero
orange tree	naranjo
peach tree	duraznero
pear tree	peral
plum tree	ciruelo

flowers

las flores

wild flower	flor silvestre
stem	tallo
petal	pétalo
pollen	polen
anemone	anémona
buttercup	ranúnculo
camellia	camelia
carnation	clavel
chrysanthemum	crisantemo
cornflower	aciano, azulina
daffodil	narciso
daisy	margarita
dandelion	diente de león
gardenia	gardenia
geranium	geranio
goldenrod	vara de oro
hawthorn	espino
honeysuckle	madreselva
hyacinth	jacinto
iris	iris
jasmine	jazmín
lilac	lila
lily	flor de lis
lily of the valley	lirio de los valles
orchid	orquídea
pansy	pensamiento
petunia	petunia
poppy	amapola
primrose	primavera
rhododendron	rododendro
rose	rosa
snowdrop	campanilla
sunflower	girasol

sweetpea	arveja *o Méx* chícharo de olor
tulip	tulipán
violet	violeta

pets

los animales domésticos

cat	gato
dog	perro
goldfish	pez de colores
guinea pig	cobaya, conejillo de Indias
hamster	hámster
kitten	gatito
puppy	cachorro

farm animals

los animales de la granja

bull	toro
calf	ternero
chicken	pollo
cow	vaca
donkey	burro
duck	pato
duckling	pato (cría)
ewe	oveja
foal	potro
goose	oca
hen	gallina
horse	caballo
mare	yegüa
lamb	cordero
mule	mula
nanny/billy-goat	cabra
ox	buey
pig	cerdo, chancho
sow	cerda
rabbit	conejo
ram	carnero
rooster	gallo
sheep	oveja
turkey	pavo, *Méx* guajolote

wild animals

animales salvajes

mammal	mamífero
fish	pez
reptile	reptil
leg	pata (extremidad)
paw	pata (extremo)

muzzle	hocico
snout	hocico, morro
tail	cola
trunk	trompa
claws	garras
antelope	antílope
armadillo	armadillo
bear	oso
beaver	castor
buffalo	búfalo
camel	camello
dolphin	delfín
dromedary	dromedario
elephant	elefante
fieldmouse	ratón de campo
fox	zorro
gazelle	gacela
giraffe	jirafa
hare	liebre
hedgehog	erizo
hippopotamus	hipopótamo
kangaroo	canguro
koala bear	koala
leopard	leopardo
lion(ess)	león, leona
monkey	mono
mouse	ratón
octopus	pulpo
porpoise	marsopa
(o)possum	zarigüeya
raccoon	mapache
rat	rata
seal	foca
shark	tiburón
squirrel	ardilla
stag	ciervo
doe	gamo
tiger	tigre
tortoise	tortuga
turtle	tortuga
weasel	comadreja
whale	ballena
wild boar	jabalí
wolf	lobo
zebra	cebra

reptiles etc

reptiles, etc.

crocodile	cocodrilo
alligator	caimán
lizard	lagarto
snake	serpiente
rattlesnake	serpiente de cascabel
adder	víbora
grass snake	culebra
cobra	cobra
coral	coral
boa	boa
water moccasin	mocasín de agua
frog	rana
toad	sapo

birds

aves

bird	pájaro
bird of prey	ave de presa
foot	pata
claw	garra
wing	ala
beak	pico
feather	pluma
blackbird	mirlo
bluebird	azulejo
buzzard	ratonero
canary	canario
cardinal	cardenal
crow	corneja
cuckoo	cuco
dove	paloma
eagle	águila
falcon	halcón
finch	pinzón
flamingo	flamenco
heron	garza
kingfisher	martín pescador
lark	alondra
magpie	urraca
mockingbird	sinsonte
nightingale	ruiseñor
ostrich	avestruz
owl	búho, lechuza, *CAm, Méx* tecolote
parakeet	periquito (australiano)
parrot	loro

peacock	pavo real
pelican	pelícano
penguin	pingüino
pheasant	faisán
pigeon	paloma
roadrunner	correcaminos
robin	petirrojo
seagull	gaviota
sparrow	gorrión
starling	estornino
stork	cigüeña
swallow	golondrina
swan	cisne
titmouse	herrerillo
vulture	buitre

insects etc | ## insectos, etc.

ant	hormiga
bee	abeja
bumblebee	abejorro
butterfly	mariposa
caterpillar	oruga
cockroach	cucaracha
flea	pulga
fly	mosca
grasshopper	saltamontes
ladybug	mariquita
mosquito	mosquito
scorpion	escorpión
spider	araña
wasp	avispa

▶ *Ver también los capítulos:*

28 What's the Weather Like?
¿Qué tiempo hace?

to rain	llover
to snow	nevar
to be freezing	helar
to blow	soplar (el viento)
to shine	brillar
to melt	fundirse
to get worse	empeorar
to improve	mejorar
to change	cambiar
overcast	nublado, cubierto
cloudy	nuboso
clear	despejado
sunny	soleado
stormy	tormentoso
foggy	neblinoso
hazy	neblinoso, brumoso
smoggy	neblinoso (con niebla tóxica)
muggy	bochornoso
dry	seco
warm	calor (agradable)
hot	calor (desagradable)
cold	frío
mild	templado
pleasant	agradable
awful	horroroso
changeable	variable
damp	húmedo
rainy	lluvioso
in the sun	al sol
in the shade	a la sombra
weather	clima, tiempo
temperature	temperatura
meteorology	meteorología
weather report	pronóstico meteorológico
climate	clima
atmosphere	atmósfera
atmospheric pressure	presión atmosférica
improvement	mejoría
thermometer	termómetro
degree	grado
barometer	barómetro

sky	cielo

rain — la lluvia

raindrop	gota de lluvia
downpour	lluvia torrencial
shower	aguacero
sudden (short) shower	chubasco
hail	granizo
hailstone	(grano de) granizo
sleet	aguanieve
cloud	nube
cloud layer	capa de nubes
dew	rocío
drizzle	llovizna
fog	niebla
mist	bruma
puddle	charco
flood	inundación
thunderstorm	tormenta (eléctrica)
thunder	trueno
lightning	relámpago
(flash of) lightning	rayo
sunny spell	claro
rainbow	arco iris
humidity	humedad

cold weather — el frío

snow	nieve
snowflake	copo de nieve
snowfall	nevada
snowstorm	tormenta de nieve
avalanche	alud, avalancha
snowball	bola de nieve
snowplow	quitanieves
snowman	muñeco de nieve
frost	helada
thaw	deshielo
(hoar)frost	escarcha
ice	hielo

good weather — el buen tiempo

sun	sol
ray of sunshine	rayo de sol
heat	calor
heatwave	ola de calor

scorching heat	calor agobiante
drought	sequía

wind   el viento

wind	viento
draught	corriente de aire
gust of wind	ráfaga
dust storm	tormenta de polvo
North wind	viento norte
breeze	brisa
hurricane	huracán
tornado	tornado
storm	tempestad

Take Note!

the weather is good/bad
hace buen/mal tiempo

it is 86° F (degrees Fahrenheit) in the shade
hace 30 grados a la sombra

it's raining
llueve/está lloviendo

it's pouring
llueve/está lloviendo a cántaros

it's snowing
nieva/está nevando

it's sunny/foggy/icy
hay sol/niebla/hielo

I'm freezing cold
estoy helado

I'm sweltering
me muero de calor

the wind's blowing/it's windy
sopla/ hace viento

the sun's shining
brilla el/hace sol

it's thundering
hay truenos / truena

the weather is dreadful
hace un tiempo horrible

29 Family and Friends
La Familia y los Amigos

the family

la familia

parents	padres
mother	madre
father	padre
mom	mamá
dad	papá
child	hijo/a
baby	bebé, *Andes, RP* guagua
daughter	hija
son	hijo
adopted daughter	hija adoptiva
adopted son	hijo adoptivo
sister	hermana
twin sister	hermana melliza/gemela
brother	hermano
twin brother	hermano mellizo/gemelo
grandmother	abuela
grandfather	abuelo
grandparents	abuelos
grandchildren	nietos/as
granddaughter	nieta
grandson	nieto
great-grandmother	bisabuela
great-grandfather	bisabuelo
wife	esposa
husband	esposo
fiancée	novia
fiancé	novio
stepmother	madrastra
stepfather	padrastro
stepdaughter	hijastra
stepson	hijastro
mother-in-law	suegra
father-in-law	suegro
daughter-in-law	nuera
son-in-law	yerno
aunt	tía
uncle	tío
cousin	primo/a
niece	sobrina
nephew	sobrino
godmother	madrina

godfather	padrino
goddaughter	ahijada
godson	ahijado

friends
los amigos

friend	amigo/a
boyfriend	novio, *Chile* pololo
girlfriend	novia, *Chile* polola
neighbor	vecino/a

Take Note!

do you have any brothers and sisters?
¿tienes hermanos?

I have no brothers or sisters
no tengo (ni) hermanos (ni) hermanas

I'm an only child
soy hijo/a único/a

my mother is expecting a baby
mi madre espera un bebé

I am the oldest
soy el/la mayor

my big brother is 17
mi hermano mayor tiene 17 años

my eldest sister is a hairdresser
mi hermana (la) mayor [la mayor de mis hermanas] es peluquera

I'm looking after my little sister
estoy cuidando a mi hermana menor

my youngest brother sucks his thumb
mi hermano (el) menor [el menor de mis hermanos] se chupa el dedo

you are my best friend, Paul
eres mi mejor amigo, Paul

Patricia is my best friend
Patricia es mi mejor amiga

▶ *Ver también el capítulo:*
   8   La Identidad

to go to school	ir al colegio
to study	estudiar
to learn	aprender
lo learn by heart	aprender de memoria
to do one's homework	hacer los deberes/la tarea
to recite a poem	recitar un poema
to ask	preguntar
to answer	contestar
to go to the blackboard	salir a la pizarra *o* pizarrón
to know	saber
to pass	aprobar
to review	repasar
to take an exam	examinarse
to pass one's exams	pasar los exámenes
to fail one's exams	suspender los exámenes
to fail an exam	suspender un examen
to repeat a year	repetir el curso
to expel	expulsar (definitivo)
to suspend	expulsar (temporal)
to punish	castigar
to play hooky	hacer novillos, *Méx* irse de pinta, *RP* hacerse la rabona
to cut class	holgazanear
absent	ausente
brilliant	brillante
clever	inteligente
gifted	con aptitudes innatas
hard-working	aplicado
inattentive	distraído
present	presente
studious	estudioso
undisciplined	indisciplinado
kindergarten/nursery school	preescolar
elementary school	escuela primaria
secondary school	instituto (de enseñanza secundaria)
high school	instituto (de enseñanza secundaria)
private school	colegio privado
public school	colegio público
college	universidad
vocational school	escuela de artes y oficios
boarding school	internado

| university | universidad |

at school

en la escuela

class	clase
classroom	aula
principal's office	despacho del director
library	biblioteca
laboratory	laboratorio
language lab	laboratorio de idiomas
cafeteria	cafetería
playground	patio
gym(nasium)	gimnasio

the classroom

el aula

desk	banco, pupitre
teacher's desk	escritorio
table	mesa
chair	silla
locker	taquilla
cupboard	armario
chalkboard	pizarra, pizarrón
chalk	tiza
chalkboard eraser	borrador

schoolbag	cartera
notebook	cuaderno
book	libro
dictionary	diccionario
pencil case	estuche
ballpoint (pen)	bolígrafo, esferográfica, *RP* birome
(fountain) pen	pluma (estilográfica), *Chile, RP* lapicera
(lead) pencil	lápiz
pencil sharpener	sacapuntas
eraser	goma
paint brush	pincel
(tube of) paint	(tubo de) témpera
painting	pintura
drawing paper	papel de dibujo
easel	caballete

ruler	regla
compass	compás
triangle	escuadra
(pocket) calculator	calculadora de bolsillo
computer	computador, computadora

gym

rings	anillas
rope	soga
parallel bars	paralelas
horse	caballo
trampoline	cama elástica

el gimnasio

teachers and pupils

elementary school teacher	profesor de escuela primaria
teacher	maestro, profesor
principal	director/a
French teacher	profesor de francés
English teacher	profesor de inglés
math teacher	profesor de matemáticas
inspector	inspector, supervisor
pupil	alumno
schoolboy/girl	estudiante
high school student	alumno de instituto
student	estudiante
dunce	burro
good student	buen alumno
bad student	mal alumno
schoolmate	compañero de clase

profesores y alumnos

teaching

term	trimestre
semester	semestre
quarter	trimestre
timetable	horario
subject	asignatura
lesson	lección
period	clase (hora de)
class	clase (hora de)
course	curso, año escolar
French class	clase de francés
math class	clase de matemáticas
vocabulary	vocabulario
grammar	gramática
grammatical rule	regla gramatical
conjugation	conjugación
spelling	ortografía
writing	escritura
reading	lectura
poem	poema

la enseñanza

sum	suma
math	matemáticas
algebra	álgebra
arithmetic	aritmética
geometry	geometría
addition	adición
subtraction	sustracción
multiplication	multiplicación
division	división
equation	ecuación
circle	círculo
triangle	triángulo
square	cuadrado
rectangle	rectángulo
angle	ángulo
right angle	ángulo recto
surface	área, superficie
volume	volumen
cube	cubo
diameter	diámetro
history	historia
geography	geografía
science	ciencias
biology	biología
chemistry	química
physics	física
languages	idiomas
philosophy	filosofía
essay	ensayo, trabajo
translation	traducción
prose	traducción inversa
music	música
drawing	dibujo
shop	manualidades
physical education, PE	educación física
homework	tarea, deberes
exercise	ejercicio
problem	problema
question	pregunta
answer	respuesta, contestación
test	prueba objetiva, test
written test	prueba escrita
oral test	prueba oral
exam(ination)	examen
mistake	error

good grade	buena nota
bad grade	mala nota
result	resultado
passing grade	aprobado
report	boletín de calificaciones
prize	premio
certificate	certificado
diploma	diploma
college degree	licenciatura
discipline	disciplina
punishment	castigo
detention	castigo (permanencia)
recess	recreo, descanso
spring break	vacaciones de primavera
bell	timbre
school vacation	vacaciones escolares
Christmas holiday	vacaciones de Navidad
beginning of the school year	comienzo del curso

Take Note!

to give a student detention
castigar (retener) a un alumno

the bell has rung
ha sonado el timbre

we had a test on English grammar
tuvimos un ejercicio de gramática inglesa

31 Money
El Dinero

to buy	comprar
to sell	vender
to spend	gastar
to borrow (from)	pedir prestado (a)
to lend (to)	prestar (a)
to pay	pagar
to pay cash	pagar en efectivo
to pay by check	pagar con un cheque
to pay by installments	pagar a plazos
to pay back	reintegrar
to reimburse	reembolsar
to change	cambiar
to buy on credit	comprar a crédito
to give credit	conceder / dar un crédito
to withdraw money	retirar dinero
to deposit money	depositar dinero
to save money	ahorrar dinero
to do one's accounts	hacer cuentas
to be in the red	estar en descubierto / números rojos
rich	rico
poor	pobre
broke	arruinado
millionaire	millonario
money	dinero
pocket money	dinero para gastos personales
cash	efectivo
bill	billete (de banco)
purse	monedero
wallet	billetera
savings	ahorros
bank	banco
savings bank	caja de ahorros
savings and loan association	caja de ahorros
credit union	cooperativa de crédito
exchange rate	cotización
till	caja (registradora)
cashier	caja (de una tienda)
teller's window	caja (banco)
counter	ventanilla (banco)
automated teller machine (ATM)	cajero automático
bank account	cuenta bancaria

checking account	cuenta corriente
savings account	cuenta de ahorro
withdrawal	reintegro
transfer	transferencia
bank branch manager	director del banco
teller	empleado bancario
bankbook	libreta
credit card	tarjeta de crédito
check	cheque
checkbook	chequera
cashier's check	cheque bancario
traveler's check	cheque de viaje
form	formulario
money order	transferencia
credit	crédito
debts	deudas
loan	préstamo
mortgage	hipoteca
change	dinero suelto, cambio
currency	divisa
Stock Exchange	bolsa
stock	valor
share	acción
inflation	inflación
cost of living	costo de vida
budget	presupuesto
dime	moneda de diez centavos
nickel	moneda de cinco centavos
pound (sterling)	libra esterlina
penny	penique
dollar	dólar

Take Note!

a 10 dollar bill
un billete de diez dólares

I'd like to change 500 Mexican pesos into dollars
querría cambiar 500 pesos mexicanos por dólares

what is the exchange rate for the Argentinian peso?
¿cuál es la cotización del peso argentino?

I'd like to pay by credit card
desearía pagar con tarjeta de crédito

do you take traveler's checks?
¿acepta cheques de viaje?

I'm saving up to buy a motorcycle
estoy ahorrando para comprarme una moto

I am overdrawn by fifty dollars
tengo un descubierto de cincuenta dólares

I get twenty dollars allowance per week
recibo veinte dólares de paga por semana

I owe him twenty dollars
le debo veinte dólares

I borrowed 2 000 pesos from my father
le pedí 2000 pesos prestados a mi padre

I find it hard to make ends meet
me cuesta llegar a fin de mes

▶ *Ver también los capítulos:*

32 Topical Issues
Temas de Actualidad

to discuss	hablar (de)
to argue	discutir
to criticize	criticar
to defend	defender
to think	pensar
to believe	creer
to protest	protestar
for	por
against	contra
in favor of	a favor de
opposed to	en contra de
intolerant	intolerante
broad-minded	tolerante
problem	problema
argument	argumento
demonstration	manifestación
society	sociedad
prejudice	prejuicio
moral	moral
mentality	mentalidad
disarmament	desarme
nuclear energy	energía nuclear
nuclear bomb	bomba atómica
peace	paz
war	guerra
acid rain	lluvia ácida
environment	medio ambiente
greenhouse effect	efecto invernadero
ozone layer	capa de ozono
poverty	pobreza
destitution	miseria
unemployment	desocupación, paro
violence	violencia
criminality	crimen
contraception	uso de anticonceptivos
abortion	aborto
euthanasia	eutanasia
homosexuality	homosexualidad
gay man	homosexual

lesbian	lesbiana
AIDS	SIDA
HIV-positive	seropositivo
sexism	sexismo
male chauvinist	machista
women's liberation	liberación femenina
feminism	feminismo
sexual harassment	acoso sexual
equality	igualdad
prostitution	prostitución
racism	racismo
racist	racista
black (person)	negro
African American	afroamericano
integration	integración
segregation	segregación
foreigner	extranjero
lifestyle	modo de vida
inmigrant	inmigrante
political refugee	refugiado político
political asylum	asilo político
alcohol	alcohol
alcoholic	alcohólico
drugs	drogas
needle	jeringuilla
overdose	sobredosis
addiction	adicción
marijuana	marihuana
hashish	hachís
heroin	heroína
cocaine	cocaína
drug trafficking	tráfico de drogas
dealer	traficante

Take Note!

I agree with you
estoy de acuerdo contigo

she takes heroin
ella consume heroína

33 Politics
La Política

to govern	gobernar
to rule	gobernar, reinar
to reign	reinar
to organize	organizar
to demonstrate	manifestarse
to go to the polls	acudir a las urnas
to elect	elegir
to vote for/against	votar por/contra
to repress	reprimir
to abolish	abolir
to do away with	suprimir
to impose	imponer
to nationalize	nacionalizar
to privatize	privatizar
national	nacional
nationalist	nacionalista
international	internacional
political	político
democratic	democrático
democrat	demócrata
republican	republicano
conservative	conservador
liberal	liberal
socialist	socialista
communist	comunista
Marxist	marxista
fascist	fascista
anarchist	anarquista
capitalist	capitalista
extremist	extremista
right wing	de derechas
left wing	de izquierdas
nation	nación
country	país
state	estado
republic	república
monarchy	monarquía
native land	tierra natal
government	gobierno
Congress	el Congreso

Senate	Senado
House of Representatives	Cámara de Representantes
parliament	parlamento
Cabinet	Gabinete
constitution	constitución
Head of State	Jefe de Estado
President	presidente
Vice-president	vicepresidente
Prime Minister	primer ministro
Secretary of the Treasury	Ministro de Hacienda
Attorney General	Fiscal General del Estado
Secretary of State	Secretario de Estado
minister	ministro
Congressman/Congresswoman	congresista, congresal
senator	senador
representative	representante, diputado
politician	político
politics	política
elections	elecciones
political party	partido político
right	derecha
left	izquierda
(right to) vote	(derecho a) voto
constituency	distrito electoral
primary	(elecciones) primarias
ballot box	urna
candidate	candidato
election campaign	campaña electoral
run-off	desempate
opinion poll	sondeo de opinión
exit poll	sondeo a la salida de los colegios electorales
citizen	ciudadano
negotiations	negociaciones
debate	debate
law	ley
crisis	crisis
demonstration	manifestación
coup d'état	golpe de estado
revolution	revolución
equal rights	igualdad de derechos
human rights	derechos humanos
dictatorship	dictadura
Ideology	ideología

democracy	democracia
socialism	socialismo
communism	comunismo
fascism	fascismo
capitalism	capitalismo
pacifism	pacifismo
neutrality	neutralidad
unity	unidad
freedom	libertad
public opinion	opinión pública
nobility	nobleza
aristocracy	aristocracia
upper class	clase alta
middle class	clase media
working class	clase trabajadora
the people	el pueblo
king	rey
queen	reina
prince	príncipe
princess	princesa
UN/United Nations	ONU/Naciones Unidas
EU	UE
European Community	Comunidad Europea
Common Market	Mercado Común
North American Free Trade Agreement (NAFTA)	Tratado de Libre Comercio (TLC *o* NAFTA)

34 Communicating
Comunicarse

to say	decir
to tell	decir, contar
to talk	hablar, charlar, *Méx* platicar
to speak	hablar
to repeat	repetir
to add	añadir
to declare	declarar
to state	afirmar
to make a statement	formular una declaración
to announce	anunciar
to express	expresar
to insist	insistir
to claim	alegar
to suppose	suponer
to doubt	dudar
to converse with	conversar con
to inform	informar
to indicate	indicar
to mention	mencionar
to promise	prometer
to shout	gritar
to yell	gritar
to shriek	chillar
to whisper	susurrar
to murmur	murmurar
to mumble	musitar
to stammer	tartamudear
to get worked up	irritarse, enojarse
to reply	responder
to retort	replicar
to argue	argüir
to persuade	persuadir
to convince	convencer
to influence	influir
to approve (of)	aprobar
to contradict	contradecir
to contest	impugnar, atacar, negar
to object	objetar
to refute	refutar
to exaggerate	exagerar
to emphasize	hacer hincapié en
to predict	predecir

to confirm	confirmar
to apologize	pedir disculpas
to pretend	pretender
to deceive	engañar
to flatter	halagar, elogiar
to criticize	criticar
to slander	calumniar
to deny	negar
to admit	admitir (hechos)
to confess	confesar
to recognize	reconocer (personas/objetos)
convinced	convencido
convincing	convincente
conversation	conversación
discussion	discusión
dialog	diálogo
interview	entrevista
monolog	monólogo
speech	discurso
lecture	conferencia
debate	debate
conference	congreso
statement	declaración
word	palabra
speech	habla
gossip	habladurías
opinion	opinión
point of view	punto de vista
argument	argumento, discusión
misunderstanding	malentendido
agreement	acuerdo
disagreement	desacuerdo
allusion	alusión
hint	indirecta, insinuación
criticism	crítica
objection	objeción
confession	confesión
microphone	micrófono
megaphone	megáfono
about	acerca de
frankly	francamente
generally	generalmente
naturally	naturalmente
of course	por supuesto
absolutely	absolutamente
really	realmente

entirely	totalmente
undoubtedly	indudablemente
maybe	tal vez
but	pero
however	sin embargo
or	o
and	y
because	porque
therefore	por lo tanto
thanks to	gracias a
in case	en caso de
despite	pese a
except	excepto
without	sin
with	con
almost	casi

TakeNote!

is it?, do they? *etc.*
¿de veras?

don't you think?, isn't it?, isn't he? *etc.*
¿no es así?

▶ *Ver también los capítulos:*

35 Letter Writing
La Correspondencia

to write	escribir
to scribble	garabatear
to jot down	apuntar
to describe	describir
to type	escribir a máquina
to sign	firmar
to send	enviar
to dispatch	despachar
to seal	sellar
to put a stamp on	poner un sello en
to frank	franquear
to weigh	pesar
to mail	enviar por correo
to return	devolver
to forward	hacer seguir/llegar
to contain	contener
to correspond with	mantener correspondencia con
to receive	recibir
to reply	contestar
legible	legible
illegible	ilegible
by airmail	vía aérea
by first-class mail	por correo ordinario
by second-class mail	por correo ordinario (con tarifa reducida)
by express mail	expreso
by registered mail	certificado
by special delivery	por correo urgente
enc. (enclosures)	adjunto
letter	carta
mail	correo (cartas)
writing paper	papel de carta
date	fecha
signature	firma
envelope	sobre
address	dirección
addressee	destinatario
sender	remitente
ZIP code	código postal
stamp	sello, estampilla, *CAm, Méx* timbre

mailbox	buzón
collection	recogida
post office	oficina de correos
counter	ventanilla
postage	tarifa postal
first class	tarifa ordinaria
second class	tarifa reducida
letter scales	pesa cartas
franking machine	máquina de franquear
general delivery	lista de correos
package	paquete
telegram	telegrama
fax	fax
postcard	tarjeta postal
acknowledgment of receipt	acuse de recibo
form	formulario
money order	giro postal
contents	contenido
mailman	cartero
pen pal	amigo por correspondencia
handwriting	letra (caligrafía)
draft	borrador
ballpoint (pen)	bolígrafo, esterográfica, *RP* birome
pencil	lápiz
(fountain) pen	pluma (estilográfica), *Chile, RP* lapicera
typewriter	máquina de escribir
word processor	procesador de textos
note	nota
text	texto
paragraph	párrafo
sentence	oración
line	línea
word	palabra
style	estilo
continuation	continuación
quotation	cita
title	título
margin	margen
birthday card	tarjeta postal
announcement	notificación, aviso
love letter	carta de amor
complaint	reclamación, reclamo

Take Note!

Dear Sir/Madam
Estimado/a Sr./Sra.

Dear Paul/Caroline
Querido/a Pablo/Carolina

Please find enclosed
Adjunto . . .

Yours sincerely
Se despide de ud. con un atento saludo

Kind regards
Un cordial saludo

love
un abrazo/beso

lots of love
muchos besos

I have to write my mother
tengo que escribir a mi madre

I'd like three 32 cent stamps
tres sellos de 32 centavos, por favor

«please forward»
«se ruega remitir»

36 The Phone
El Teléfono

to call	llamar
to phone	llamar por teléfono (a)
to make a phone call	hacer una llamada *o* llamado
to lift the receiver	descolgar
to dial	marcar *o* discar (un número)
to dial a wrong number	equivocarse de número
to hang up	colgar
to call back	volver a llamar
to answer	contestar
to call collect	llamar a cobro revertido
(tele)phone	teléfono
receiver	auricular
earpiece	receptor
dial tone	tono de marcar *o* discar
dial	disco
phone book	guía telefónica
yellow pages	páginas amarillas
phone box	cabina telefónica
phonecard	tarjeta telefónica
long-distance call	conferencia
local call	llamada local
area code	prefijo
number	número
wrong number	número equivocado
information	información (telefónica)
emergency	emergencia
operator	operador/a
busy	ocupado
out of order	no funciona

Take Note!

he phoned his mother
llamó por teléfono a su madre

the phone's ringing
está sonando el teléfono

who's speaking?
¿quién es?

it's Peter speaking
soy Peter

hello, this is Peter speaking
hola, soy Peter

I'd like to speak to Martin
¿podría hablar con Martin?

speaking
soy yo

hold on
no cuelgue

it's busy
está ocupado

I'm sorry, he's not in
lo siento, no está

would you like to leave a message?
¿quiere dejar algún recado?

who's calling?
¿de parte de quién?

sorry, I've got the wrong number
perdón, me he equivocado de número

my number is two two four, zero one six
mi número es el dos, dos, cuatro, cero, uno, seis

37 Greetings and Polite Phrases
Saludos y Fórmulas

to greet	saludar
to introduce	presentar
to express	expresar
to thank	agradecer
to wish	desear
to congratulate	felicitar
to apologize	pedir disculpas
hello	hola
good morning	buenos días
good afternoon	buenas tardes
hi!	¡hola!
bye!	¡adiós! ¡hasta luego!
goodbye	¡adiós!
good evening	buenas tardes/noches (al llegar)
good night	buenas noches (al partir)
pleased to meet you	encantado
how are you?	¿cómo está?
how are things?	¿qué tal?
see you soon	hasta pronto
see you later	hasta luego
see you tomorrow	hasta mañana
have a good day!	¡que le vaya bien!
enjoy your meal!	¡buen provecho!
good luck!	¡buena suerte!
have a good trip!	¡buen viaje!
safe journey!	¡buen viaje!
welcome!	¡bienvenido!
excuse me!	¡perdón!
pardon?	¿perdón?
I'm sorry	lo siento
watch out!	¡cuidado!
yes	sí
no	no
no thanks	no, gracias
(yes) please	(sí) por favor
please	por favor
thank you	gracias
thank you very much	muchas gracias
not at all	de nada
bless you	¡Jesús!
OK	de acuerdo
so much better	tanto mejor

too bad	qué mal
never mind	no importa

festivities   fiestas

Merry Christmas!	¡Feliz Navidad!
Happy holidays!	¡Feliz Navidad!
Happy New Year!	¡Feliz Año Nuevo!
Best Wishes!	¡Felicidades!
Happy Birthday!	¡Feliz cumpleaños!
Congratulations!	¡Enhorabuena!

Take Note!

may I introduce Angela Barker?
le presento a Angela Barker

please accept my best wishes
acepte mis mejores deseos

please accept my sympathy
mi más sentido pésame

may I wish you a happy birthday
le deseo un feliz cumpleaños

I don't mind
me da igual

it's a pleasure/you're welcome
no hay de qué/de nada

it depends
depende

I'm sorry
(lo) siento

I'm terribly sorry
cuánto lo siento

I'm sorry to bother you
lamento molestarle

do you mind if I smoke?
¿le importa que fume?

excuse me please, could you tell me . . .?
usted perdone; ¿podría decirme . . .?

what a pity!
¡qué pena!

38 Planning a Vacation and Customs Formalities
Las Vacaciones: Preparativos, Aduana

to go on vacation	irse de vacaciones
to reserve	reservar
to rent	alquilar, *Méx* rentar
to confirm	confirmar
to cancel	cancelar, anular
to get information (about)	informarse (sobre)
to gather information (about)	reunir información (sobre)
to pack	preparar el equipaje
to pack one's suitcases	hacer las maletas *o* valijas
to make out a list	hacer una lista
to take	llevar
to forget	olvidar
to take out insurance	sacar un seguro
to renew one's passport	renovar el pasaporte
to get vaccinated	vacunarse
to search	facturar
to declare	declarar
to smuggle	pasar de contrabando
to check	controlar
vacation	vacaciones
travel agent's	agencia de viajes
tourist information service	servicio de información turística
brochure	folleto
leaflet	propaganda
vacation/package tour	viaje organizado
guide(book)	guía turística (libro)
itinerary	itinerario
reservation	reserva, reservacíon
deposit	depósito
list	lista
luggage	equipaje
suitcase	maleta, valija
travel bag	bolso de viaje
rucksack	mochila
label	etiqueta
cosmetic bag	neceser

passport	pasaporte
ID	documento de identidad
visa	visado, visa
ticket	boleto
traveler's checks	cheques de viaje
travel insurance	seguro de viaje
customs	aduana
customs officer	aduanero
border	frontera
in advance	con antelación

Take Note!

nothing to declare
nada que declarar

should we confirm our reservation in writing?
¿es necesario que confirmemos nuestra reserva por escrito?

I'm really looking forward to going on vacation
no veo la hora de irme de vacaciones

▶ *Ver también los capítulos:*

39 Railroads
El Ferrocarril

to reserve	reservar
to book	reservar
to change	cambiar
to punch (a ticket)	picar
to get off	bajar
to get on/in	subir
to be late	llegar tarde
to be derailed	descarrilar
on time	a la hora, en punto
late	con retraso
reserved	reservado
taken	ocupado (asiento)
occupied	ocupado (servicio)
free	libre
smoker	fumador
nonsmoker	no fumador

the station
la estación

Amtrak	ferrocarriles estadounidenses
railroads	(vías de) ferrocarril
ticket office	boletería
ticket machine	despacho automático de boletos
information	información
waiting room	sala de espera
station cafe	cantina de la estación
check room	consigna
luggage lockers	consigna automática
luggage cart	carro para equipajes
luggage	equipaje
lost and found office	oficina de objetos perdidos
stationmaster	jefe de estación
conductor	jefe de tren
railwayman	ferroviario
passenger	pasajero

the train
el tren

freight train	tren de carga
through train	tren directo
express train	expreso
fast train	rápido

monorail train	monorraíl
electric train	tren eléctrico
diesel train	tren diesel
high-speed train	tren de alta velocidad
locomotive	locomotora
engine	locomotora
steam engine	locomotora de vapor
dining car	vagón restaurante
coach	coche, vagón
car	coche
Pullman car	coche cama
front of the train	cabeza (del tren)
rear of the train	cola (del tren)
observation car	vagón con grandes ventanales
compartment	compartimiento
berth	litera
bathroom	servicios
door	puerta
window	ventanilla
seat	asiento
luggage rack	portaequipajes
emergency alarm	alarma

the journey   el viaje

platform	andén
tracks	vías
track	vía
line	línea
network	red
grade crossing	paso a nivel
tunnel	túnel
stop	parada
arrival	llegada
departure	partida
connection	correspondencia

tickets   los billetes

half(-price ticket)	boleto media tarifa
reduced rate	tarifa reducida
adult	adulto
one-way ticket	ida
round-trip ticket	ida y vuelta
class	clase
first class	primera (clase)
second class	segunda (clase)

railcard	tarjeta ferroviaria
reservation	reserva
timetable	horario
national holidays	días no laborables
weekdays	días laborables

Take Note!

I went to California by train/I took the train to California
fui a California en tren/tomé el tren de California

a one-way/round-trip ticket to Boston, please
un ida/ida y vuelta a Boston, por favor

when is the next/last train for Miami?
¿a qué hora sale el próximo/último tren a Miami?

the train arriving from London is 20 minutes late
el tren procedente de Londres lleva 20 minutos de retraso

the train to Chicago
el tren (con destino) a Chicago

the Birmingham train
el tren a/de Birmingham

do I have to change?
¿tengo que cambiar de tren?

change at New York
cambio de tren en Nueva York

is this seat taken?
¿está ocupado este asiento?

«tickets, please»
«boletos, por favor»

I nearly missed my train
estuve a punto de perder el tren

we'll have to run to catch the connection
tendremos que correr para hacer transbordo

he came and picked me up at the station
vino a recogerme a la estación

she took me to the station
me llevó a la estación

have a good trip!
¡buen viaje!

40 Flying
El Avión

to check in	facturar el equipaje
to take off	despegar, decolar
to fly	volar
to land	aterrizar
to stop over	hacer escala

at the airport
en el aeropuerto

runway	pista
airline	línea aérea
information	información
check-in	facturación
hand luggage	equipaje de mano
duty-free shop	tienda de artículos libres de impuestos
boarding	embarque
departure lounge	sala de embarque
boarding pass	tarjeta de embarque
gate	puerta
baggage claim	recogida de equipaje
air terminal	edificio terminal

on board
a bordo

plane	avión
jet	jet
jumbo jet	jumbo
charter flight/plane	chárter
wing	ala
propeller	hélice
window	ventanilla
seat belt	cinturón de seguridad
emergency exit	salida de emergencia
seat	asiento
flight	vuelo
direct flight	vuelo directo
domestic flight	vuelo nacional
international flight	vuelo internacional
altitude	altura
speed	velocidad
departure	partida
take-off	despegue, decolaje

arrival	llegada
landing	aterrizaje
emergency landing	aterrizaje forzoso
stop-over	escala
delay	retraso
crew	tripulación
pilot	piloto
flight attendant	auxiliar de vuelo
stewardess	azafata, aeromoza
steward	auxiliar de vuelo
passenger	pasajero
hijacker	pirata aéreo
canceled	cancelado
delayed	con retraso

Take Note!

would you like smoking or nonsmoking?
¿desea un asiento de fumador o de no fumador?

I'd like a nonsmoking seat
desearía un asiento de no fumador

«now boarding at gate number 17»
«embarque por puerta 17»

«fasten your seat belt»
«abróchense los cinturones»

41 Public Transportation
El Transporte Público

to get off	bajar
to get on	subir
to wait (for)	esperar
to arrive	llegar
to change	cambiar
to stop	parar
to hurry	darse prisa
to miss	perder
to avoid the fare	viajar sin boleto
to produce one's ticket	enseñar el boleto
bus	autobús
subway	metro, *RP* subte
local train	tren de cercanías
commuter train	tren de cercanías utilizado para ir al trabajo
taxi	taxi
driver	conductor
conductor	revisor (tren)
(bus) conductor	vendedor de boletos (autobús)
passenger	pasajero
commuter	persona que viaja diariamente a la ciudad donde trabaja
bus station	estación de autobuses
subway station	estación de metro
bus stop	parada de autobús
ticket office	boletería
ticket machine	despacho automático de boletos
waiting room	sala de espera
information	información (tel.)
exit	salida
network	red
line	línea
platform	andén
departure	partida
direction	dirección
arrival	llegada
back	parte trasera
front	parte delantera
seat	asiento
ticket	boleto
fare	precio del boleto

book of tickets	boleto múltiple
season ticket	abono de transportes
adult	adulto
child	niño
first class	primera clase
second class	segunda clase
reduction	descuento
extra fare	suplemento
off-peak hours	horas huecas
rush hours	horas pico

TakeNote!

I go to school by bus
voy a la escuela en autobús

what bus will take me to the train station?
¿qué autobús debo tomar para ir a la estación de tren?

where is the nearest subway station?
¿cuál es la boca de metro más próxima?

▶ *Ver también el capítulo:*

39 El Ferrocarril

42 At the Hotel
En el Hotel

no vacancies	completo
closed	cerrado
included	incluido
hotel	hotel
motel	motel
motor inn	motel
guest house	pensión
reservation	reserva
reception	recepción
room and board	pensión completa
American plan	pensión completa
European plan	alojamiento
price per day	precio por día
service	servicio
tip	propina
bill	cuenta
complaint	queja, reclamación
restaurant	restaurante
dining room	comedor
lounge	salón
bar	bar
parking lot	estacionamiento
elevator	ascensor
breakfast	desayuno
continental breakfast	desayuno continental
lunch	comida, almuerzo
dinner	cena, comida
evening meal	cena, comida
manager	administrador
desk clerk	recepcionista
bellhop	portero
chambermaid	doncella

the room   la habitación

room	habitación
single room	habitación individual
double room	habitación doble (1 cama)
twin room	habitación doble (2 camas)
bed	cama

double bed	cama doble
single bed	cama individual
crib	cuna, cama de niño
bathroom	cuarto de baño
shower	ducha, regadera
basin	lavabo
hot water	agua caliente
air conditioning	aire acondicionado
emergency exit	salida de emergencia
fire escape	escalera de emergencia
balcony	balcón
view	vista
key	llave

Take Note!

a two/three star hotel
un hotel de dos/tres estrellas

have you got any vacancies?
¿tiene habitaciones libres?

I'd like a single/double room
una habitación individual/doble, por favor

a room overlooking the sea
una habitación con vista al mar

a room with a private bathroom
una habitación con baño privado

for how many nights?
¿para cuántas noches?

we're full
está completo

could you please call me at seven a.m.?
¿podría despertarme a las siete?

I'm in room number 7
estoy en la habitación número 7

could you make up my bill, please?
¿me puede preparar la cuenta, por favor?

«do not disturb»
«no molestar»

43 Camping, Trailers and Youth Hostels
Camping-Caravanas y Albergues Juveniles

to camp	acampar
to go camping	ir de camping
to camp in the wild	ir de acampada
to travel in a trailer	ir de viaje en caravana
to hitchhike	hacer autostop
to pitch the tent	montar, armar la tienda
to take down the tent	desmontar, desarmar la tienda
to sleep out in the open	dormir al aire libre
camping	acampada
campsite	camping
camper	campista
tent	tienda
Li-Lo (R)	colchón neumático
tent fly	doble techo
groundcloth	suelo de la tienda
peg	estaca
rope	cuerda
fire	fuego
campfire	hoguera
refill	recambio
stove	calentador
penknife	navaja
bucket	cubo
cot	cama plegable
sleeping bag	saco de dormir
flashlight	linterna
showers	duchas, regaderas
toilets	servicios
drinking water	agua potable
garbage can	papelera
mosquito	mosquito
to travel in a trailer	ir de viaje en caravana
trailer park	área de camping para caravanas
trailer (mobile home)	caravana
RV	autocaravana
trailer	remolque

youth hostel	alberguc juvenil
dormitory	dormitorio (colectivo)
games room	sala de juegos
membership card	carné de alberguista
rucksack	mochila
hitchhiking	autostop

Take Note!

may we camp here?
¿podemos acampar aquí?

«no camping»
«prohibido acampar»

44 At the Seaside
En la Playa

to swim	nadar
to go for a swim	darse un baño
to float	flotar
to wade	caminar en el agua
to splash about	chapotear
to dive	zambullirse
to drown	ahogarse
to get a tan	broncearse
to sunbathe	tomar el sol
to get sunburned	atrapar una insolación
to peel	pelarse
to splash	chapotear
to be seasick	marearse
to row	remar
to sink	hundirse
to capsize	volcar (embarcación)
to go on board	subir a bordo
to disembark	desembarcar
to drop anchor	echar el ancla
to weigh anchor	levar anclas
sunny	soleado
tanned	bronceado
in the shade	a la sombra
in the sun	al sol
off the coast of	(en el mar) frente a
sea	mar
lake	lago
beach	playa
shore	orilla
swimming pool	piscina, *Méx* alberca, *RP* pileta
diving board	trampolín
children's pool	piscina para niños
beach hut	caseta de baño
sand	arena
shingle	guijarros
rock	roca
cliff	acantilado
salt	sal
wave	ola
high tide	marea alta
low tide	marea baja

current	corriente
coast	costa
harbor	puerto
quay	muelle (puerto)
pier	embarcadero
jetty	embarcadero
seafront	playa, paseo marítimo
seabed	fondo del mar
lighthouse	faro
horizon	horizonte
lifeguard	socorrista
swimming instructor	monitor de natación
captain	capitán
swimmer	nadador
shell	concha
fish	pez
crab	cangrejo
shark	tiburón
seagull	gaviota

boats   las embarcaciones

ship	barco, navío
boat	barco, barca
rowboat	barca de remos
sailboat	velero
motorboat	barca de motor
yacht	yate
liner	barco de línea
ferry	ferry
rubber dinghy	bote hinchable
pedal boat	barca a pedales
oar	remo
sail	vela
sailing	vela (deporte)
anchor	ancla

things for the beach   cosas para la playa

swimsuit	traje de baño (mujer)
trunks	traje de baño (hombre)
bikini	bikini
bathing cap	gorra de baño
goggles	gafas (para natación)
snorkel	tubo para respirar
flippers	aletas
rubber ring	salvavidas, flotador

buoy	boya
Li-Lo (R), air-bed	colchón neumático
deckchair	tumbona, hamaca
beach towel	toalla
sunglasses	gafas *o* lentes *o* anteojos de sol
suntan oil	aceite bronceador
suntan lotion	crema bronceadora
spade	pala
bucket	cubo
sandcastle	castillo de arena
Frisbee (R)	frisbee (R)
ball	pelota

Take Note!

I can't swim
no sé nadar

no bathing
prohibido bañarse

«man overboard!»
«¡hombre al agua!»

45 Geographical Terms
Términos Geográficos

continent	continente
country	país
developing country	país en vías de desarrollo
area	área, región
district	zona, barrio
state	estado
city	ciudad
town	ciudad, pueblo
village	pueblo
capital (city)	capital
mountain	montaña
mountain chain	cadena montañosa
hill	colina
cliff	acantilado
summit	cumbre, cima
peak	pico
pass	puerto
valley	valle
plain	llanura
plateau	meseta
glacier	glaciar
volcano	volcán
sea	mar
ocean	océano
lake	lago
pool	laguna
pond	estanque
river	río
stream	arroyo, río
canal	canal
spring	manantial
coast	costa
island	isla
peninsula	península
promontory	promontorio
bay	bahía
estuary	estuario
desert	desierto
forest	bosque
rainforest	selva tropical

latitude	latitud
longitude	longitud
altitude	altitud, altura
depth	profundidad
area	superficie
population	población
world	mundo
universe	universo
Tropics	trópicos
North Pole	Polo Norte
South Pole	Polo Sur
equator	ecuador
planet	planeta
earth	tierra
sun	sol
moon	luna
star	estrella
constellation	constelación
Milky Way	Vía Láctea

Take Note!

what is the highest mountain in North America?
¿cuál es la montaña más alta de Norteamérica?

▶ *Ver también los capítulos:*

27 La Naturaleza
46 Países, Continentes, etc.
47 Nacionalidades

46 Countries, Continents, etc
Países, Continentes, etc.

countries	países
Argentina	Argentina
Australia	Australia
Austria	Austria
Belgium	Bélgica
Bolivia	Bolivia
Brazil	Brasil
Canada	Canadá
Chile	Chile
China	China
Colombia	Colombia
Costa Rica	Costa Rica
Cuba	Cuba
Dominican Republic	República Dominicana
Ecuador	Ecuador
Eire	República de Irlanda, Eire
England	Inglaterra
France	Francia
Germany	Alemania
Great Britain	Gran Bretaña
Greece	Grecia
Holland	Holanda
Honduras	Honduras
India	India
Ireland	Irlanda
Israel	Israel
Italy	Italia
Japan	Japón
Libya	Libia
Luxembourg	Luxemburgo
Mexico	México
Netherlands	Países Bajos
Nicaragua	Nicaragua
Pakistan	Paquistán
Peru	Perú
Philippines	Filipinas
Poland	Polonia
Portugal	Portugal
Puerto Rico	Puerto Rico
Russia	Rusia
Scotland	Escocia
Spain	España

Switzerland	Suiza
United Kingdom	Reino Unido
United States	Estados Unidos
Uruguay	Uruguay
USA	EEUU
Venezuela	Venezuela
Wales	Gales

continents

continentes

Africa	África
America	América
Asia	Asia
Europe	Europa
North America	América del Norte, Norteamérica
Oceania	Oceanía
South America	América del Sur, Sudamérica

cities

ciudades

Mexico City	Ciudad de México
New York	Nueva York
Brussels	Bruselas
Geneva	Ginebra
London	Londres
Moscow	Moscú
Paris	París

regions

regiones

the Third World	el Tercer Mundo
Central America	América Central, Centroamérica
the East	Oriente
the Middle East	Oriente Medio
the Far East	el Lejano Oriente
the Caribbean	el Caribe
the Midwest	el Medio Oeste (de Estados Unidos)
Amazonia	Amazonia
Scandinavia	Escandinavia
the South of France	el Mediodía francés
the French Riviera	la Costa Azul
the Basque country	el País Vasco
the Channel Islands	las Islas del Canal
the Lake District	el distrito de los Lagos
the Great Lakes	los Grandes Lagos
the Highlands	las Tierras Altas
the West(ern states)	los estados del Oeste (de Estados Unidos)

seas, rivers and mountains

mares, ríos y montañas

the Mediterranean	el Mediterráneo
the North Sea	el Mar del Norte
the Atlantic	el Atlántico
the Pacific	el Pacífico
the Indian Ocean	el Océano Indico
the English Channel	el Canal de la Mancha
the Gulf of Mexico	el Golfo de México
the Amazon	el Amazonas
the River Plate	el Río de la Plata
the Mississippi	el Misisipi
the Rhine	el Rin
the Seine	el Sena
the Thames	el Támesis
the Caribbean	las Antillas
the Andes	los Andes
the Alps	los Alpes
the Pyrenees	los Pirineos
the Rockies	las Rocosas
the Appalachians	los Apalaches

Take Note!

I come from the Caribbean
soy de las Antillas

I spent my holidays in Spain
pasé las vacaciones en España

Holland is a flat country
Holanda es un país llano

It rains a lot In Canada
llueve mucho en Canadá

I would like to go to China
me gustaría ir a China

I live in Buenos Aires
vivo en Buenos Aires

I'm going to Hollywood
voy a Hollywood

▶ *Ver también el capítulo:*
47 Nacionalidades

47 Nationalities
Nacionalidades

countries	países
foreign	extranjero
American	estadounidense
Argentinian	argentino
Australian	australiano
Austrian	austriaco
Belgian	belga
Bolivian	boliviano
Brazilian	brasileño
British	británico
Canadian	canadiense
Chilean	chileno
Chinese	chino
Colombian	colombiano
Costa Rican	costarricense
Cuban	cubano
Dominican	dominicano
Dutch	holandés
English	inglés
Filipino	filipino
Flemish	flamenco
French	francés
German	alemán
Irish	irlandés
Israeli	israelí
Italian	italiano
Japanese	japonés
Mexican	mexicano
Pakistani	paquistaní
Peruvian	peruano
Polish	polaco
Portuguese	portugués
Puerto Rican	portorriqueño, puertorriqueño
Russian	ruso
Scottish	escocés
Spanish	español
Swiss	suizo
Uraguayan	uruguayo
Venezuelan	venezolano
Welsh	galés

areas and cities	regiones y ciudades
Oriental	oriental
Western	occidental
African	africano
Asian	asiático
European	europeo
Arabic	árabe
Scandinavian	escandinavo
Basque	vasco
New Yorker	de Nueva York
Parisian	parisino, parisiense
Londoner	londinense
a Frenchman	un francés
a Frenchwoman	una francesa
an Englishman	un inglés
an Englishwoman	una inglesa

Take Note!

the English drink a lot of beer
los ingleses beben mucha cerveza

Donald is Scottish
Donald es escocés

I like Chinese food
me gusta la comida china

a Chicago newspaper
un periódico de Chicago

48 Languages
Idiomas

to learn	aprender
to learn by heart	aprender de memoria
to understand	comprender
to write	escribir
to read	leer
to speak	hablar
to repeat	repetir
to pronounce	pronunciar
to translate	traducir
to improve	perfeccionar
to mean	querer decir
English	inglés
Spanish	español
French	francés
German	alemán
Portuguese	portugués
Italian	italiano
modern Greek	griego moderno
classical Greek	griego clásico
Latin	latín
Russian	ruso
Arabic	árabe
Chinese	chino
Japanese	japonés
language	idioma, lengua
mother tongue	lengua materna
foreign language	lengua extranjera
modern languages	lenguas modernas
dead languages	lenguas muertas
vocabulary	vocabulario
grammar	gramática

Take Note!

I don't understand
no comprendo

I am learning English
estoy aprendiendo inglés

she speaks fluent Spanish
habla español con fluidez

he speaks English very badly
habla muy mal inglés

English is his native language
el inglés es su lengua materna

in English
en inglés

translated into/from English
traducido al/del inglés

could you speak more slowly, please?
¿podría hablar más despacio, por favor?

could you repeat that, please?
¿me lo podría repetir, por favor?

Patrick is good at languages
a Patrick se le dan bien los idiomas

▶ *Ver también el capítulo:*

49 Holidays in the United States
Vacaciones en Estados Unidos

to visit	visitar
to travel	viajar
to be interested in	interesarse por
nationalistic	nacionalista
patriotic	patriótico
on vacation	de vacaciones

tourism
turismo

vacation	vacaciones
tourist	turista
foreigner	extranjero
tourist office	oficina de turismo
tourist information bureau	oficina de información turística
attractions	atracciones
places of interest	sitios de interés
specialties	especialidades
crafts	artesanías
guide	guía
guidebook	guía (libro)
phrasebook	guía de frases útiles
map	mapa
visit	visita
guided tour	visita guiada
journey	recorrido
school trip	viaje escolar
package vacation	viaje organizado
excursion	excursión
bus trip	excursión en autobús
group	grupo
stay	estadía, estancia
consulate	consulado
embassy	embajada
hospitality	hospitalidad

symbols of the United States
símbolos de Estados Unidos

Thanksgiving Day Parade	Desfile del Día de Acción de Gracias
New Orleans Mardi Gras	el Martes de Carnaval en Nueva Orleans
Stars and Stripes	la bandera estadounidense

the Statue of Liberty	la Estatua de la Libertad
the White House	la Casa Blanca
Congress	el Congreso
yellow cab	taxi amarillo (típico de Nueva York)
Stetson hat	sombrero de vaquero
George Washington	George Washington
bald eagle	pigargo cabeciblanco (el águila símbolo de Estados Unidos)
Grand Canyon	Gran Cañón

customs   costumbres

way of life	modo de vida
culture	cultura
bar	bar
diner	restaurante (barato)
golf	golf
baseball	béisbol
football	fútbol americano
basketball	basquetbol
Christmas carols	villancicos navideños
Thanksgiving	Día de Acción de Gracias
Fourth of July	Cuatro de Julio
Labor Day	Día del Trabajador

Take Note!

«God bless America!»
«¡Dios bendiga a América!»

«don't forget to tip your guide»
«una propina para el guía»

▶ Ver también los capítulos:
25 La Ciudad
26 El Coche
38 Las Vacaciones: Preparativos, Aduana
39 El Ferrocarril
40 El Avión
41 El Transporte Público
42 En el Hotel
43 Camping-caravanas y Albergues Juveniles
44 En la Playa
45 Terminos Geográficos
64 Las Indicaciones

50 Incidents
Incidentes

to happen	pasar, suceder
to occur	ocurrir
to take place	tener lugar
to meet	encontrarse
to coincide	coincidir
to miss	perder (transporte)
to drop	dejar caer
to spill	derramar(se)
to knock over	volcar
to fall	caer
to spoil	estropear
to damage	dañar
to break	romper
to cause	causar
to be careful	tener cuidado
to forget	olvidar
to lose	perder
to look for	buscar
to recognize	reconocer
to find	encontrar
to find (again)	reencontrar
to get lost	perderse
to lose one's way	equivocar el camino
to ask one's way	preguntar el camino
absent-minded	distraído
clumsy	torpe
unexpected	inesperado
accidentally	por accidente
by chance	por casualidad
inadvertently	por error o descuido
coincidence	coincidencia
surprise	sorpresa
luck	suerte
bad luck	mala suerte
chance	azar
misfortune	desventura
meeting	encuentro
heedlessness	distracción, descuido
fall	caída

damage	daños
forgetfulness	falta de memoria, despiste
loss	pérdida
lost and found office	oficina de objetos perdidos
reward	recompensa

TakeNote!

what a coincidence!
¡qué coincidencia!

just my luck!
¡me tenía que pasar a mí!

what's wrong?
¿qué pasa?

what a pity!
¡qué pena!

watch out!
¡cuidado!

51 Accidents
Accidentes

to drive	manejar
to take needless risks	correr riesgos innecesarios
not to yield	no ceder el paso
to go through a red light	saltarse un semáforo
to ignore a stop sign	saltarse un stop
to skid	derrapar
to slide	resbalar
to hurtle down	desbarrancarse
to burst	reventarse
to lose control of	perder el control de
to somersault	dar una vuelta de campana
to run into	chocar contra
to run over	atropellar
to wreck	destruir
to demolish	demoler
to damage	dañar
to destroy	destruir
to be trapped	quedar atrapado
to be in a state of shock	estar en estado de shock
to lose consciousness	perder el sentido
to regain consciousness	volver en sí
to be in a coma	estar en coma
to die on the spot	morir en el acto
to witness	presenciar
to draw up a report	levantar un atestado
to compensate	indemnizar
to slip	resbalar
to drown	ahogarse
to suffocate	asfixiarse
to fall (from)	caer (de/desde)
to fall out of the window	caerse por la ventana
to get an electric shock	recibir una descarga eléctrica
to electrocute oneself	electrocutarse
to burn oneself	quemarse
to scald oneself	escaldarse
to cut oneself	cortarse
drunk	borracho
injured	herido
dead	muerto
serious	grave
insured	asegurado

road accidents

accident
automobile accident
road accident
car wreck
pile-up
impact
smash
explosion
shoulder
speeding
Breathalyzer (R)
drunk driving
fatigue
poor visibility
fog
rain
cliff
precipice

accidentes de carretera

accidente
accidente de coche
accidente en la carretera
choque
accidente múltiple
colisión
choque
explosión
arcén
exceso de velocidad
alcoholímetro
conducir en estado de embriaguez
cansancio
falta de visibilidad
niebla
lluvia
acantilado
precipicio

other accidents

industrial accident
mountaineering accident
fall
drowning
electric shock
fire

otros accidentes

accidente de trabajo
accidente de montaña
caída
acción de ahogarse
descarga eléctrica
incendio

injured persons and witnesses

injured person
seriously injured person
dead person
witness
eye witness

concussion
injury
burn
composure

heridos y testigos

herido
herido grave
muerto
testigo
testigo ocular

conmoción cerebral
herida
quemadura
calma

help

emergency services
police

ayuda

servicios de urgencia
policía

fire department	cuerpo de bomberos
first aid	primeros auxilios
emergency	emergencia
ambulance	ambulancia
doctor	doctor
nurse	enfermera
first aid kit	equipo de primeros auxilios
stretcher	camilla
artificial respiration	respiración artificial
kiss of life	respiración boca a boca
oxygen	oxígeno
tourniquet	torniquete
extinguisher	extintor
tow truck	camión grúa

the consequences   las consecuencias

damage	daño
report	acta, parte
fine	multa
justice	justicia
sentence	sentencia
insurance	seguro
responsibility	responsabilidad
damages	daños y perjuicios

Take Note!

his brakes failed
le fallaron los frenos

he's lucky — he escaped with only a few scratches
tuvo suerte; sólo sufrió heridas leves

my car is a write-off
mi coche está en siniestro total

he lost his driver's license
le retiraron el permiso de manejar

▶ *Ver también los capítulos:*

52 Disasters
Los Desastres

to attack	atacar
to defend	defender
to collapse	derrumbarse
to starve	morir de hambre
to erupt	entrar en erupción
to explode	hacer explosión
to shake	temblar
to suffocate	asfixiar
to burn	quemar, arder
to extinguish	extinguir
to raise the alarm	dar la alarma
to rescue	rescatar
to sink	hundirse

war
la guerra

army	ejército
navy	marina
air force	fuerza aérea
marines	marines
enemy	enemigo
ally	aliado
battlefield	campo de batalla
bombing	bombardeo
bomb	bomba
nuclear weapons	armas nucleares
shell	proyectil
missile	misil
tank	tanque
gun	fusil
machinegun	ametralladora
mine	mina
civilians	civiles
refugee	refugiado
soldier	soldado
general	general
colonel	coronel
captain	capitán
sergeant	sargento
cruelty	crueldad
torture	tortura

death	muerte
wound	herida
victim	víctima
air-raid shelter	refugio antiaéreo
nuclear shelter	refugio antinuclear
radioactive fallout	lluvia radioactiva
truce	tregua
treaty	tratado
victory	victoria
defeat	derrota
peace	paz

natural disasters
desastres naturales

drought	sequía
famine	hambruna
malnutrition	desnutrición
lack of	falta de
epidemic	epidemia
tornado	tornado
cyclone	ciclón
tidal wave	maremoto
flooding	inundación
earthquake	terremoto
volcano	volcán
volcanic eruption	erupción volcánica
lava	lava
avalanche	alud, avalancha
relief organization	organización de ayuda humanitaria
the Red Cross	la Cruz Roja
volunteer	voluntario
rescue	rescate
SOS	SOS

fires
los incendios

fire	incendio, fuego
smoke	humo
flames	llamas
explosion	explosión
fire department	cuerpo de bomberos
fireman	bombero
fire engine	coche de bomberos, *RP* autobomba
ladder	escalera
hose	manguera
emergency exit	salida de emergencia
panic	pánico

ambulance	ambulancia
emergency	emergencia
help	auxilio, socorro
artificial respiration	respiración artificial
survivor	superviviente

Take Note!

«help!»
«¡socorro!»

«fire!»
«¡fuego!»

▶ *Ver también el capítulo:*
51 Los Accidentes

53 Crime
El Crimen

to steal	robar
to burglarize	robar, desvalijar
to threaten	amenazar
to murder	asesinar
to assassinate	asesinar (político)
to kill	matar
to stab	apuñalar
to strangle	estrangular
to shoot	disparar
to poison	envenenar
to attack	atracar
to force	forzar
to rape	violar
to blackmail	chantajear
to swindle	estafar
to embezzle	estafar
to spy	espiar
to prostitute oneself	prostituirse
to drug	drogar
to kidnap	secuestrar, raptar
to abduct	secuestrar
to take hostage	tomar de rehén
to set fire to	incendiar
to arrest	arrestar
to investigate	investigar
to lead an investigation	llevar una investigación
to question	interrogar
to interrogate	someter a interrogatorio
to search	registrar
to beat up	dar una paliza
to imprison	encarcelar
to surround	rodear
to seal off	clausurar
to lock up	encerrar
to rescue	rescatar
to defend	defender
to accuse	acusar
to try	intentar
to prove	probar
to sentence	sentenciar
to convict	declarar culpable

to acquit	declarar inocente
to release	poner en libertad
guilty	culpable
innocent	inocente

crime   el delito

theft	robo
burglary	robo, desvalijamiento
break-in	allanamiento de morada
holdup	atraco
hijacking	secuestro de un avión
attack	atraco
armed attack	atraco a mano armada
murder	asesinato, homicidio
fraud	fraude
confidence trick	timo
blackmail	chantaje
rape	violación
prostitution	prostitución
procuring	proxenetismo
drug trafficking	tráfico de drogas
smuggling	contrabando
spying	espionaje
hostage	toma de rehenes
murderer	asesino, homicida
thief	ladrón
burglar	ladrón
pimp	proxeneta
drug dealer	traficante de drogas
arsonist	pirómano

weapons   armas

gun	revólver, pistola, fusil
pistol	pistola
rifle	rifle
revolver	revólver
knife	cuchillo
dagger	daga, puñal
poison	veneno
brass knuckles	puño de hierro o americano

police   la policía

policeman	policía
riot policeman	policía antidisturbios

detective	detective
superintendent	comisario
Vice Squad	brigada contra el vicio
Fraud Squad	brigada de delitos monetarios
mounted police	policía montada
police station	comisaría
report	informe, acta
investigations	investigaciones
enquiry	investigación
clue	pista
police dog	perro policía
informer	informante
nightstick	porra
handcuffs	casco
helmet	esposas
shield	escudo
tear gas	gas lacrimógeno
police van	furgón policial
cell	celda

the judicial system   el sistema judicial

case	caso
trial	juicio
accused	acusado
victim	víctima
evidence	pruebas
witness	testigo
lawyer	abogado
judge	juez
jury	jurado
defense	defensa
sentence	sentencia, pena
reprieve	indulto
suspended sentence	libertad condicional
reduced sentence	pena reducida
fine	multa
probation	libertad vigilada
imprisonment	reclusión
prison	prisión
life sentence	cadena perpetua
death sentence	pena de muerte
electric chair	silla eléctrica
lethal injection	inyección letal
hanging	ejecución en la horca
miscarriage of justice	error judicial

Take Note!

he was sentenced to 20 years' imprisonment
lo condenaron a 20 años de cárcel

the police are investigating this case
la policía se está ocupando de este caso

54 Adventures and Dreams
Aventuras y Sueños

to play	jugar
to have fun	divertirse
to imagine	imaginar
to happen	ocurrir, suceder
to hide	esconderse
to run off/away	echar a correr
to escape	escaparse
to chase	perseguir
to discover	descubrir
to explore	explorar
to dare	atreverse
to dress up (as a)	disfrazarse (de)
to play hooky	hacer novillos, *Méx* irse de pinta, *RP* hacerse la rabona
to play hide-and-seek	jugar al escondite
to run off	echar a correr
to bewitch	embrujar
to tell fortunes	adivinar el futuro
to foretell	predecir
to dream	soñar
to daydream	soñar despierto
to have a dream	tener un sueño
to have a nightmare	tener una pesadilla

adventures — aventuras

adventure	aventura
misfortune	desventura
game	juego
playground	patio de recreo
journey	viaje
escape	evasión
disguise	disfraz
unknown	desconocido
event	suceso, acontecimiento
discovery	descubrimiento
chance	casualidad
luck	suerte
ill-luck	mala suerte
danger	peligro
risk	riesgo

hiding place	escondite
cave	cueva
island	isla
treasure	tesoro
courage	coraje
recklessness	valentía
cowardice	cobardía

fairytales and legends — cuentos de hadas y leyendas

wizard	brujo
witch	bruja
magician	mago
fairy	hada
sorcerer	brujo, hechicero
prophet	profeta
gnome	gnomo
imp	diablillo
goblin	duende
dwarf	enano
giant	gigante
ghost	fantasma
skeleton	esqueleto
vampire	vampiro
dragon	dragón
werewolf	hombre lobo
monster	monstruo
extraterrestrial	extraterrestre
owl	búho
toad	sapo
black cat	gato negro
haunted castle	castillo encantado
cemetery	cementerio
spaceship	nave espacial
UFO	ovni
universe	universo
magic	magia
superstition	superstición
magic wand	varita mágica
flying carpet	alfombra voladora
broomstick	escoba
crystal ball	bola de cristal
tarot	tarot
lines of the hand	líneas de la mano
full moon	luna llena

dreams

dream	sueño
daydreaming	fantasía
nightmare	pesadilla
imagination	imaginación
subconscious	subconsciente
hallucination	alucinación
waking up	despertar

sueños

Take Note!

I've had a nice dream/horrible nightmare
He tenido un sueño bonito/una pesadilla horrible

do you know what happened to me yesterday?
¿sabes lo que me ha pasado ayer?

you let your imagination run away with you
tienes demasiada imaginación

55　The Time
La Hora

things that tell the time
cosas que indican la hora

watch	reloj (de pulsera)
digital watch	reloj digital
clock	reloj
alarm clock	reloj despertador
stopwatch	cronómetro
timer	reloj automático
clock tower	reloj de torre
bell	campana
sundial	reloj de sol
hourglass, egg-timer	reloj de arena
hands of a watch	agujas de un reloj
minute hand	minutero
hour hand	aguja de la hora
second hand	segundero
time zone	huso horario
Greenwich Mean Time (GMT)	hora de Greenwich
Daylight Saving Time (DST)	horario oficial de verano

what time is it?
¿qué hora es?

one o'clock	la una
eight a.m.	las ocho de la mañana
eight o'clock in the morning	las ocho de la mañana
five (minutes) past eight	las ocho y cinco
a quarter past eight	las ocho y cuarto
ten thirty	las diez y treinta (minutos)
half past ten	las diez y media
twenty to eleven	las once menos veinte, veinte para las once
a quarter to eleven	las once menos cuarto, un cuarto para las once
twelve fifteen	las doce y quince (minutos)
a quarter past twelve	las doce y cuarto
two p.m.	las dos de la tarde
two o'clock in the afternoon	las dos de la tarde
two thirty p.m.	las dos y media de la tarde
ten p.m.	las diez de la noche
ten o'clock in the evening	las diez de la noche

divisions of time

time	tiempo, hora
moment	momento
second	segundo
minute	minuto
quarter hour	cuarto de hora
half-an-hour	media hora
three quarters of an hour	tres cuartos de hora
hour	hora
an hour and a half	una hora y media
day	día
sunrise	amanecer, alba
morning	mañana
noon	mediodía
afternoon	tarde (hasta las 6)
evening	tarde (después de las 6), noche
sunset	atardecer
twilight	crepúsculo
night	noche
midnight	medianoche

división del tiempo

being late/on time

to leave on time	salir en punto / a la hora
to be early	llegar temprano
to be ahead of schedule	adelantarse
to be on time	llegar puntual
to arrive in time	llegar a tiempo
to be late	llegar tarde
to be behind schedule	retrasarse
to hurry (up)	darse prisa
to be in a hurry	tener prisa

llegar tarde/puntual

when?

when	cuando, cuándo
before	antes (de)
after	después de
during	durante
early	temprano
late	tarde
now	ahora
at the moment	en este momento
straightaway	enseguida
immediately	inmediatamente
already	ya
presently	en un momento

¿cuándo?

a short while ago	hace un momento
suddenly	de repente
soon	pronto
first	primero
then	entonces, después, luego
finally	por último
at that time	en ese momento
recently	recientemente
since	desde (que)
while	mientras que
meanwhile	mientras tanto
for a long time	durante mucho tiempo
a long time ago	hace mucho tiempo
always	siempre
never	nunca
often	a menudo
sometimes	a veces de vez en
from time to time	cuando
rarely	rara vez

Take Note!

what time is it?
¿qué hora es?

it's two o'clock (exactly)
son las dos (en punto)

be there at two o'clock sharp
estáte allí a las dos en punto

do you have the (exact) time?
¿me podría decir la hora (exacta)?

at what time does the train leave?
¿a qué hora sale el tren?

it's about two o'clock
son (aproximadamente) las dos

he came at around two
vino a eso de las dos

my watch is fast/slow
mi reloj atrasa/adelanta

I've set my watch to the right time
he puesto mi reloj en hora

I haven't got time to go out
no tengo tiempo para salir

56 The Week
La Semana

Monday	lunes
Tuesday	martes
Wednesday	miércoles
Thursday	jueves
Friday	viernes
Saturday	sábado
Sunday	domingo
day	día
week	semana
weekday	día entre semana
weekend	fin de semana
today	hoy
tomorrow	mañana
the day after tomorrow	pasado mañana
yesterday	ayer
the day before yesterday	anteayer
the day before	el día antes
the day after	el día siguiente
two days later	dos días más tarde
this week	esta semana
next week	la próxima semana
last week	la semana pasada
last Monday	el lunes pasado
next Monday	el lunes que viene
in a week's time	dentro de una semana
a week today	de hoy en ocho días
in two weeks' time	dentro de dos semanas
Thursday week	este jueves no, el siguiente
yesterday morning	ayer a la mañana
last night	anoche
this evening	esta tarde
tonight	esta noche
tomorrow morning	mañana por la mañana
tomorrow evening	mañana por la tarde
three days ago	hace tres días

Take Note!

on Thursday I went to the swimming pool
el jueves fui a la piscina

(on) Thursdays I go to the swimming pool
los jueves voy a la piscina

I go to the swimming pool every Thursday
voy a la piscina todos los jueves

he comes to see me every day
viene a verme todos los días

at the weekend
en el fin de semana

see you tomorrow!
¡hasta mañana!

see you next week!
¡hasta la semana que viene!

57 The Year
El Año

the months of the year	los meses del año
January	enero
February	febrero
March	marzo
April	abril
May	mayo
June	junio
July	julio
August	agosto
September	septiembre
October	octubre
November	noviembre
December	diciembre
month	mes
quarter	trimestre
year	año
decade	década
century	siglo

the seasons	las estaciones
season	estación
spring	primavera
summer	verano
fall, autumn	otoño
winter	invierno

festivals	festivos
national holiday	día festivo
Christmas	Navidad
Thanksgiving	Día de Acción de Gracias
Fourth of July	Cuatro de Julio
Labor Day	Día del Trabajador
Veterans' Day	Día del Armisticio
New Year's Eve	Nochevieja
New Year's Day	Día de Año Nuevo
Shrove Tuesday	Martes de Carnaval
Mardi Gras	Martes de Carnaval
Ash Wednesday	Miércoles de Ceniza
Good Friday	Viernes Santo

Easter	Pascuas
Easter Monday	Lunes de Pascua
Whitsun	Pentecostés
St. Valentine's Day	Día de San Valentín
April Fool's Day	Primero de abril

Take Note!

my birthday is in February
mi cumpleaños es en febrero

it rains a lot in March
llueve mucho en marzo

summer is my favorite season
el verano es mi estación favorita

in winter I go skiing
en invierno voy a esquiar

▶ *Ver también los capítulos:*

58 The Date
La Fecha

to date (from)	datar (de)
to last	durar
the present	el presente
the past	el pasado
the future	el futuro
history	historia
prehistory	prehistoria
antiquity	Antigüedad
the Middle Ages	la Edad Media
the Renaissance	el Renacimiento
the American Revolution	la Revolución Americana
the French Revolution	la Revolución Francesa
the Industrial Revolution	la Revolución Industrial
the twentieth century	el siglo veinte
the year 2000	el año 2000
date	fecha
present	presente, actual
current	actual
modern	moderno
past	pasado
future	futuro
annual	anual
yearly	anual
monthly	mensual
weekly	semanal
daily	diario
in the past	en el pasado
in times past	otrora, antaño
formerly	en otros tiempos
for a long time	durante mucho tiempo
never	nunca
always	siempre
sometimes	a veces
when	cuando, cuándo
since	desde (que)
again	de nuevo
still	todavía
at that time	en esa época
BC	A.C.
AD	D.C.

Take Note!

what date is it today?
¿qué fecha es hoy?

it's the 1st (first) of June 2000
es el primero/uno de junio de 2000

it's the 15th (fifteenth) of August
es el quince de agosto

in 1999
en 1999

when is your birthday?
¿cuándo es tu cumpleaños?

he'll be back on the 16th (sixteenth) of July
volverá el 16 de julio

he left a year ago
se marchó hace un año

once upon a time, there was ...
había una vez ...

▶ *Ver también los capítulos:*

59 Numbers
Los Números

zero	0	cero
one	1	uno
two	2	dos
three	3	tres
four	4	cuatro
five	5	cinco
six	6	seis
seven	7	siete
eight	8	ocho
nine	9	nueve
ten	10	diez
eleven	11	once
twelve	12	doce
thirteen	13	trece
fourteen	14	catorce
fifteen	15	quince
sixteen	16	dieciséis
seventeen	17	diecisiete
eighteen	18	dieciocho
nineteen	19	diecinueve
twenty	20	veinte
twenty-one	21	veintiuno
twenty-two	22	veintidós
thirty	30	treinta
thirty-one	31	treinta y uno
thirty-two	32	treinta y dos
forty	40	cuarenta
fifty	50	cincuenta
sixty	60	sesenta
seventy	70	setenta
eighty	80	ochenta
ninety	90	noventa
a/one hundred	100	cien
a/one hundred and one	101	ciento uno
a/one hundred and sixty-two	162	ciento sesenta y dos
two hundred	200	doscientos
two hundred and two	202	doscientos dos
a/one thousand	1,000	mil
one thousand nine hundred and ninety	1,990	mil novecientos noventa
two thousand	2,000	dos mil
ten thousand	10,000	diez mil

a/one hundred thousand	100,000	cien mil
a/one million	1,000,000	un millón
a/one billion	1,000,000,000	un millardo, mil millones
a/one trillion	1,000,000,000,000	un billón

first	primero
second	segundo
third	tercero
fourth	cuarto
fifth	quinto
sixth	sexto
seventh	séptimo
eighth	octavo
ninth	noveno
tenth	décimo
eleventh	undécimo
twelfth	duodécimo
thirteenth	decimotercero
fourteenth	decimocuarto
fifteenth	decimoquinto
sixteenth	decimosexto
seventeenth	decimoséptimo
eighteenth	decimooctavo
nineteenth	decimonoveno
twentieth	vigésimo
twenty-first	vigésimo primero
twenty-second	vigésimo segundo
thirtieth	trigésimo
fortieth	cuadragésimo
fiftieth	quincuagésimo
sixtieth	sexagésimo
seventieth	septuagésimo
eightieth	octogésimo
ninetieth	nonagésimo
hundredth	centésimo
hundred and twentieth	centésimo vigésimo
two hundredth	ducentésimo
thousandth	milésimo
two thousandth	dos milésimo
figure	cifra
number	número

TakeNote!

a/one hundred/thousand dollars
cien/mil dólares

a large number of students
un gran número de alumnos

two point three (2.3)
dos coma tres (2,3)

fifty per cent
cincuenta por ciento

one million Mexican pesos
un millón de pesos mexicanos

5,539
5.359

Henry VIII (the Eighth)
Enrique VIII (Octavo)

John Paul II (the Second)
Juan Pablo II (Segundo)

60 Quantities
Las Cantidades

to calculate	calcular
to count	contar
to weigh	pesar
to measure	medir
to share	compartir
to divide	dividir
to distribute	distribuir
to share out	repartir
to fill	llenar
to empty	vaciar
to remove	quitar
to lessen	disminuir
to reduce	reducir
to increase	aumentar
to add	añadir
to be enough	bastar
nothing	nada
everything	todo
all the ...	todo el/toda la, todos los/todas las
the whole ...	todo el/toda la
something	algo
some	algún, alguna, algo de
several	algunos, algunas
each	cada, todo
every	cada
everybody, everyone	cada, todos/as todo el mundo, todos
little	poco
a little	un poco
a little bit of	un poquito de
few	pocos/as
a few	unos/as pocos/as
lots (of)/a lot (of)	mucho/a, muchos/as
much	mucho, mucha
many	muchos, muchas
no ...	nada de ...
no more	no más
more	más
less	menos
most	la mayor parte, la mayoría (de)
enough	bastante
too much	demasiado/a

about	cerca de, aproximadamente
more or less	más o menos
scarcely	apenas
just	justo
absolutely	totalmente
at the most	lo más
only	sólo
at least	al menos
half (of)	medio/a, la mitad de
a quarter (of)	un cuarto (de)
a third (of)	un tercio (de)
and a half	y medio/a
one and a half	uno/a y medio/a
two thirds	dos tercios
three quarters	tres cuartos
the whole	el total
rare	raro, escaso, singular
numerous	numeroso
equal	igual
extra	suplementario
full	lleno
empty	vacío
single	único
double	doble
treble	triple
a heap (of)	una pila (de)
a stack (of)	un montón (de)
a piece (of)	un trozo (de)
a slice (of)	una rebanada (de)
a glass (of)	un vaso (de)
a plate (of)	un plato (de)
a box (of)	una caja (de)
a can (of)	un bote/una lata (de)
a package (of)	un paquete (de)
a mouthful (of)	un bocado (de)
a spoonful (of)	una cucharada (de)
a handful (of)	un puñado (de)
a pair (of)	un par (de)
a large number of	una gran cantidad (de)
masses of	un montón de
a crowd (of)	una multitud (de)
a part (of)	una parte (de)
a dozen	una docena
half a dozen	media docena
hundreds	cientos
thousands	miles
the rest (of)	el resto (de)

weights and measurements

pesos y medidas

ounce	onza
gram	gramo
pound	libra
kilo	kilo
ton	tonelada
liter	litro
pint	pinta
inch	pulgada
foot	pie
yard	yarda
centimeter	centímetro
meter	metro
kilometer	kilómetro
mile	milla

61 Describing Something
Descripción de Cosas

size	tamaño
width	ancho, anchura
breadth	anchura
height	alto
depth	profundidad
beauty	belleza
ugliness	fealdad
appearance	aspecto
shape	forma
quality	calidad
tall	alto
big	grande
small	pequeño, chico
enormous	enorme
tiny	diminuto
microscopic	microscópico
wide	ancho
narrow	estrecho
thick	espeso, grueso
large	grande
fat	grueso, gordo
thin	delgado, fino
slim	delgado
flat	llano
deep	profundo
shallow	poco profundo
long	largo
short	corto
high	alto
low	bajo
lovely	lindo, bonito
beautiful	bello
good	bueno
better	mejor
the best	el mejor
pretty	lindo, bonito
cute	mono
marvelous	maravilloso
magnificent	magnífico
imposing	imponente
superb	soberbio

fantastic	fantástico
extraordinary	extraordinario
excellent	excelente
perfect	perfecto
ugly	feo
bad	malo
mediocre	mediocre
worse	peor
the worst	el peor
appalling	espantoso
dreadful	horrible
atrocious	atroz
defective	defectuoso
light	ligero
heavy	pesado
hard	duro
firm	firme
shiny	brillante
solid	sólido
sturdy	macizo, robusto
soft	suave
delicate	delicado
fine	fino
smooth	liso
hot	caliente
warm	caliente, tibio
cold	frío
lukewarm	templado
dry	seco
wet	mojado
damp	húmedo
liquid	líquido
simple	simple
complicated	complicado
difficult	difícil
easy	fácil
handy	práctico
useful	útil
useless	inútil
old	viejo
ancient	antiguo
new	nuevo
modern	moderno
out of date	anticuado
fresh	fresco
cool	fresco (temp.)
clean	limpio

dirty	sucio
disgusting	desagradable
worn out	gastado
curved	curvo
straight	recto
round	redondo
circular	circular
oval	ovalado
rectangular	rectangular
square	cuadrado
triangular	triangular
very	muy
too	demasiado
rather	más bien
quite	bastante
well	bien
badly	mal
better	mejor
the best	lo mejor

Take Note!

what's it like?
¿cómo es?

62 Colors
Los Colores

beige	beige
black	negro
blue	azul
sky blue	azul celeste
navy blue	azul marino
royal blue	azul cobalto
brown	marrón, café
flesh-colored	color carne
gold	oro
golden	dorado
green	verde
gray	gris
mauve	malva
orange	naranja
pink	rosa
purple	violeta
red	rojo
silver	plateado
turquoise	turquesa
white	blanco
yellow	amarillo
dark	oscuro
bright	brillante
pale	pálido
plain	liso
multicolored	multicolor
light	claro
dark	oscuro
light green	verde claro
dark green	verde oscuro

Take Note!

what color is it?
¿de qué color es?

63 Materials
Los Materiales

real	verdadero
natural	natural
synthetic	sintético
artificial	artificial
material	material
composition	composición
substance	sustancia
raw material	materia prima
product	producto
earth	tierra
water	agua
air	aire
fire	fuego
stone	piedra
rock	roca
ore	mineral
mineral	mineral
precious stones	piedras preciosas
crystal	cristal
marble	mármol
granite	granito
diamond	diamante
clay	arcilla
oil	petróleo
gas	gas
metal	metal
aluminum	aluminio
bronze	bronce
copper	cobre
brass	latón
tin	estaño, hojalata
pewter	peltre
iron	hierro
steel	acero
lead	plomo
gold	oro
silver	plata
wire	alambre

wood	madera
pine	pino
cane	caña
wickerwork	mimbre
straw	paja
bamboo	bambú
plywood	aglomerado de madera
concrete	hormigón
cement	cemento
brick	ladrillo
plaster	escayola
putty	masilla
glue	cola
glass	vidrio
cardboard	cartón
paper	papel
plastic	plástico
rubber	goma
earthenware	cerámica
china	porcelana
stoneware	gres
sandstone	piedra arenisca
wax	cera
leather	cuero
fur	piel
suede	ante
acrylic	acrílico
cotton	algodón
lace	encaje
wool	lana
linen	lino
nylon	nailon
polyester	poliéster
silk	seda
synthetic material	material sintético
man-made fiber	fibra sintética
canvas	lona
oilcloth	hule
tweed	tweed
cashmere	cachemir
velvet	terciopelo
corduroy	pana

Take Note!

the house is made of wood
la casa es de madera

a wooden spoon
una cuchara de madera

the Iron Age
la Edad de Hierro

64 Directions
Las Indicaciones

to ask	preguntar
to point out	señalar
to show	mostrar
take	tomar
keep going	seguir
follow	seguir
go past	pasar por
go back	regresar
reverse	retroceder
turn right	girar a la derecha
turn left	girar a la izquierda

directions   ## las direcciones

left	izquierda
right	derecha
on/to the left	a la izquierda
on/to the right	a la dcrecha
straight ahead/on	derecho
where	donde, dónde
in front of	delante de
behind	detrás de
on	sobre
under	bajo
beside	al lado de
opposite	enfrente de
in the middle of	en medio de
along	a lo largo de
at the end of	al final de
between	entre
after	después de
after the traffic lights	después del semáforo
just before	justo antes de
for ... meters	por ... metros
at the next crossroads	en el próximo cruce
first on the right	la primera a la derecha
second on the left	la segunda a la izquierda

the points of the compass

los puntos cardinales

south	sur
north	norte
east	este
west	oeste
northeast	noreste
northwest	noroeste
southeast	sureste

Take Note!

can you tell me the way to the station?
¿me podría indicar cómo llegar a la estación?

is it far from here?
¿está lejos de aquí?

ten minutes from here
a diez minutos de aquí

100 meters away
a 100 metros de aquí

to the left of the post office
a la izquierda de la oficina de correos

south of Detroit
al sur de Detroit

Texas is in the south of the United States
Texas está en el sur de Estados Unidos

Cuba is to the south of Florida
Cuba está al sur de Florida

Índice

Índice

ÍNDICE

ÍNDICE

ÍNDICE

ÍNDICE

I

ÍNDICE

ÍNDICE

ÍNDICE